図解 現代中国の軌跡

中国教育

周慧梅 編著
三潴正道 監訳
平野紀子 訳

SP TOKYO

出版にあたって

　習近平総書記は、「全面的に対外開放するという状況において重要な任務は、人々がより全面的、客観的に現代中国を認識し、外部の世界を見るよう導くことである」と指摘した。全面的、客観的に現代中国を認識するには、中国の基本的状況を理解し、国情を掌握するのが基礎であり、それは我々が中国独自の社会主義の道を確固たる足取りで歩む前提条件であり、主要条件でもある。このため、我が社は特にこの『図解現代中国叢書』の出版を企画した。

　このシリーズの最大の特徴は、要点を押さえた文章説明と図解による相互補完方式を通して、わかりやすく具体的に内容を示すことにより、読者がマクロ的、視覚的に、かつ素早く手軽に国情の基本的な側面とポイントをつかむことができ、同時により全般的に深く現在の中国を理解できるよう導いていることである。このシリーズは、我々が読者に提供する新しい試みであり、至らぬ点については、ご叱正賜るようお願い申し上げる。

人民出版社

2013 年 9 月

日本語版に寄せて

　2014年1月に『図解現代中国叢書　中国教育』が正式に出版されてから4年が過ぎ、その間中国の教育体制には若干の変化があり、特に中国共産党第19回全国代表大会の報告で「教育事業の優先的発展」に対して全面的に新たな布石が打たれ、公共財政が教育を優先的に保障し、GDPに占める国家財政の教育支出比率は着実に上昇し、教育経費が著しく増加した。世界一流の大学・学科の育成がスタートして、専門的な一群のハイレベルシンクタンクを重点的に設置し、インターネットを活用した教育を推進し、大国を支えるにふさわしい技術者層の育成を強化して、重点職業学校の育成計画を進めた。また、「一帯一路」教育協力活動を推進するなど、中国教育の全体的レベルはまさに世界の中・上クラスの仲間入りをしつつある。

　第1に、教育経費が著しく増え、年平均増加率は7.9％になった。中国は教育に対する財政支出を拡大し続け、2012年から2016年にかけ、全国の教育経費総投入額は累計で17兆元に迫り、そのうち2016年は3兆8888億元に達して、年平均増加率は7.9％に達した。また、教育経費の配分が引き続き改善され、義務教育と中西部地域に傾斜配分された。2016年には1兆6583億元、全体の52.8％が義務教育に使われ、義務教育が最優先に位置付けられたことが如実に示され、また、同年の中央財政からの教育交付金の約84％が中西部地区の支援に使われ、農村にも傾斜配分された。

　第2に、教師層の整備を一層重視し、小・中・高校・大学の教員の職業モラルシステムを整備し、教員のモラルや気風を確立し、質の高い教員層を育成して、社会全体が教員を敬い教育を重んじるよう提唱した。農村の教員層整備のための特別政策を画定し、農村教員栄誉制度を確立し、小・中・高校には教授ランクの職位を設けて、長期間あるいは定年退職まで教育に従事する教員の意欲を効果的に引き出した。

　第3に、世界の一流大学・一流学科を建設することとした。2017年9月20日、教育部・財政部・国家発展改革委員会は共同で通達を出し、北京大学など42校が「双一流［世界の一流大学・一流学科建設の略称］」の指定大学（そのうちA

類が 36 校、B 類が 6 校）に、北京交通大学など 95 校が指定学科になったことを公表した。5 年に 1 回、大学・学科のオープンな見直しを行い、国の長期的発展を支える体制の整備に注力し、国の自主的イノベーション能力と核心的競争力を大いに向上させることとした。大学のイノベーション体制を強化して高等教育機関のイノベーション能力を向上させ、大学の人文社会科学重点研究基地の総合的な改革を深め、国が差し迫って必要とし、特色が際だち、制度が革新的で、発展を先導する専門かつハイレベルなシンクタンクが重点的に設置された。

第 4 に、インターネットを活用した教育を推進した。"3 通"〔ブロードバンドネットワークによって学校と学校をつなげる、優良コンテンツによってクラスとクラスをつなげる、インターネット学習空間によって人と人をつなげる〕と 2 "平台"〔教育コンテンツ公共サービスプラットホーム・教育管理公共サービスプラットホーム〕の建設と活用を引き続き推進し、デジタル教育コンテンツの全面的なシェアリングを進めた。教育の発展が遅れた地域や種々の理由で一般の教育を受けられない人々に向けては公益デジタル教育コンテンツサービスを提供し、教育のビッグデータ化と全面的なシェアリングを加速させた。現代的な遠隔教育とオンライン教育を発展させ、「インターネットを活用した教育」の研修活動を実施し、その方法での新しいモデルをサポートし、サービスの新しい形態を発展させた。

第 5 に、現代の職業教育システムを「メイド・イン・チャイナ」のサポートから「スマート・マニュファクチャリング・イン・チャイナ」のサポートへ転換するよう促し、大学イノベーション起業教育改革を深化させ、多くのハイレベルな人材を育成した。大国を支えるにふさわしい技術者層の育成を強化し、約 100 校の高等職業学校と約 1000 校の中等職業学校を建設し、基本的運営・実習訓練の条件を改善し、国の主要産業と地域の中核産業と関連する専攻の建設を強化し、人材の育成・イノベーション・専攻の設置・産業が融合発展した一群のハイレベルな職業学校を育成し、また、一般総合大学の応用型大学〔中国経済社会の発展に必要な応用型人材を育成する大学〕への転換を推進し、地域の発展に貢献する能力を向上させ、大学がイノベーション型国家の建設に深く関与するよう奨励した。

第 6 に、教育開放の推進を計画立案し、「一帯一路」教育協力活動を推進した。中国政府の奨学金に「シルクロード」の項目を設け、「一帯一路」周辺の国と地

域に的を絞り、一定の学科や専攻、国際交流と人材育成、国別に特化した研究基盤を備えた一群の大学と職業学校を選抜し、ハイレベルな複合型人材を専門的に育成した。「一帯一路」周辺の国と地域の大学から、国の経済・文化・法律などに関連する分野を研究している専門の学者を招聘して中国で教鞭を執ってもらい、「一帯一路」の国別の教育・言語文字・経済・法律・文化・政策などへの調査研究対策に役立て、非公用語の人材を育成した。

　19全大会は「教育の優先的発展」戦略を改めて強調し、「青写真の徹底した実現を堅持」して、新しい理念で教育の現代化を牽引している。教育発展の成果はより公平にその恩恵が国民全体に施され、教育のシステム・制度はより成熟し形を整えて経済社会に貢献する能力を強化し、必ずや中国の教育改革を深め発展させていくであろう。

周慧梅

2018 年 1 月 18 日〔北京師範大学〕英東楼 452 にて

監訳者序文

　今般、科学出版社東京より、人民出版社の図解現代中国叢書（国防・経済・教育・政治）計4冊を翻訳刊行することになった。これらはいずれも2011年から2014年にかけて中国国内で出版されたものである。したがってこの出版が、2012年の18全大会で党総書記が胡錦濤から習近平へバトンタッチされたことを受けたものであることは想像に難くない。

　18全大会以後、習近平体制の下、今日まで様々な改革が行われた。国務院の機構改革は過去何度も行われ、例えば、2003年に温家宝首相が誕生したときには、2001年のWTO加盟に合わせて大幅な機構改革が行われたが、2013年も李克強首相の登場とともに主要機構が25に統合され、「市場に権限を、社会に権限を、地方に権限を」というスローガンが打ち出された。すなわち、政府と市場の関係、政府と社会の関係に目が向けられたと言えよう。

　教育関係では、90年代以降の9年制義務教育の徹底、2000年以降の大学進学率の飛躍的向上、近年の小学校教育のカリキュラムの見直しによる全人的な教育の推進とともに、2015年には修正高等教育法が施行され、新産業革命に即した人材の育成と、立ち遅れた地域からの大学入学者増加による将来の発展へ向けた人材の供給も図られている。

　このところ、2017年の19全大会、年明け後の二中全会・三中全会、そして3月の全人代と経過する中で、習近平政権の基盤構築が急速に進み、それとともに、今後のさまざまな改革の方向、外交方針も打ち出されているが、これらの動向を客観的かつ正しく把握することが今ほど求められている時はない。

　過去、日本における対中観は一方的なネガティブキャンペーンに洗脳され、極めて偏ったものとなり、中国のこれまでの発展プロセスを正確に分析することなく、中国をことさらにライバル視し、甚だしきは政治的・経済的に敵視するような論調が主流だった。もちろんこれには、領土問題や、これまでの中国ビジネスで経験した中国政府や相手企業の応対に対する日本側のトラウマが作用していることは否めない。しかし、上記のネガティブキャンペーンに含まれているもう1つの要素、すなわち、中国を見下す日本人の傲慢、中国に追いつき追い越されつ

つあるところから生まれる焦慮、ほぼ単一民族であるが故の"夜郎自大"的な偏狭な島国根性と異文化理解能力の欠如も目をそらさず見つめる必要がある。

　中国を客観的かつ正確に分析するにはそのたどった道とそこで遭遇したさまざまな問題をしっかり把握することが大前提になろう。その意味で、本書が上記4つの分野で新中国が建国以来歩んできた道を豊富な図解を添えて提示したことは、はなはだ時宜を得た企画であった。

　今行われている改革はまさにその道の上に行われているのであり、このプロセスに対する深い認識がなければ、耳に入る豊富な情報も却って誤った判断を生んでしまうだろう。

　振り返れば、90年代末の朱鎔基の三大改革、中国の地域発展の動向、リーマンショックの影響、知財権政策、都市化の方向性、習近平の評価、自由貿易区への見方、国有企業改革に対する分析、いったい、日本人はどれくらい的をはずれた評価や予測を繰り返してきたことだろうか。急がば回れ、まず、本シリーズによって中国のこれまでの軌跡と内部組織のメカニズムを理解する事から始めるべきであろう。

三潴正道

2018年9月

目　次

出版にあたって —————————————————————————— *iii*

日本語版に寄せて ————————————————————————— *iv*

監訳者序文 ——————————————————————————————— *vii*

第 1 編　教育体制

第 1 章　教育の戦略的配置 ————————————————————— *2*

1.1　人材強国戦略の実施 ——————————————————————— *2*

1.2　教育の優先的発展戦略 ————————————————————— *4*

1.3　教育改革発展の未来図 ————————————————————— *6*

1.4　科学技術教育立国の基本的国策 ———————————————— *8*

1.5　教育の優先的発展戦略実施における重要措置 ———————— *10*

1.6　現代中国の教育方針 —————————————————————— *12*

第 2 章　教育の行政機構 ———————————————————————— *14*

2.1　教育行政システム ——————————————————————— *14*

2.2　教育部の主要機能 ——————————————————————— *16*

2.3　教育部設置の組織 ——————————————————————— *18*

2.4　教育部の直属機関（主要な社会団体）——————————— *20*

2.5　教育部直属高等教育機関 ——————————————————— *22*

2.6　「211 プロジェクト」指定大学 ———————————————— *24*

2.7　「985 プロジェクト」指定大学 ———————————————— *26*

2.8　「2011 プロジェクト」—————————————————————— *28*

第 3 章　教育の管理体制 ———————————————————————— *30*

3.1　教育行政体制 —————————————————————————— *30*

3.2　学校管理体制 —————————————————————————— *32*

3.3　学校運営体制 —————————————————————————— *34*

図解　現代中国の軌跡　中国教育

3.4	教育投資体制	36
3.5	学生募集・就職体制	38
3.6	現代の学校教育制度	40

第4章　教育体制の改革　42

4.1	教育体制	42
4.2	基礎教育管理体制	44
4.3	高等教育管理体制	46
4.4	職業教育管理体制	48
4.5	民営教育管理体制	50
4.6	教員資格許可制度	52

第1編　訳注　54

第2編　教育の歴史

第5章　中華人民共和国成立初期の教育（1949 ～ 1952）　56

5.1	第1回全国教育工作会議の招集	56
5.2	旧学校の接収と管理	58
5.3	工農大衆に教育の門戸を開放	60
5.4	学制・課程・教材の改革	62
5.5	少数民族教育の強力なサポート	64
5.6	知識分子の思想改造	66

第6章　「全面的にソ連の教育経験に学ぶ」時期の教育（1952 ～ 1958）　68

6.1	ソ連モデルの中国教育改革	68
6.2	高等教育分野における2大モデル大学の設立	70
6.3	ソ連人専門家の招聘	72
6.4	ソ連の教材の翻訳・出版	74
6.5	ソ連留学準備制度の確立	76
6.6	大学と学部・学科の調整	78

第 7 章　社会主義路線を自ら模索する時期の教育（1958 ～ 1976）————— 80

7.1　知識分子の問題に関する会議の招集 ————————————— 80

7.2　社会主義教育方針の提起 ————————————————— 82

7.3　「教育大躍進」 ——————————————————————— 84

7.4　教育事業の調整 —————————————————————— 86

7.5　文化大革命期間の中国教育 ————————————————— 88

7.6　教育革命の試行 —————————————————————— 90

第 8 章　「混乱を鎮め正常化する」時期の改革（1978 ～ 1982）————— 92

8.1　「2 つの評価」批判 ———————————————————— 92

8.2　冤罪・誤審案件に対する名誉回復 —————————————— 94

8.3　大学入試制度の復活 ———————————————————— 96

8.4　大学院教育の再開 ————————————————————— 98

8.5　中国学位制度の確立 ———————————————————— 100

第 9 章　中国独自の社会主義教育模索の道（1982 ～ 1992）————— 102

9.1　教育方針「3 つの『志向』」 ———————————————— 102

9.2　『教育体制改革に関する党中央の決定』公布 ————————— 104

9.3　9 年制義務教育普及の実施 ————————————————— 106

9.4　各級各種教育教学改革の展開 ———————————————— 108

9.5　教育の国際交流と国際協力の強化 —————————————— 110

第 10 章　中国独自の社会主義教育体制確立の深化（1992 ～ 2002）——— 112

10.1　『中国の教育改革・発展綱要』の公布 ———————————— 112

10.2　教育法制確立の強化 ———————————————————— 114

10.3　素質教育の全面的推進 ——————————————————— 116

10.4　新規教育課程改革試行の展開 ———————————————— 118

10.5　遠隔教育の発展強化 ———————————————————— 120

第 2 編　訳注 ————————————————————————— 122

図解　現代中国の軌跡　中国教育

第3編　教育の現状

第11章　発展目覚ましい中国の教育 —————————— 124

11.1　政府が教育に責任を持つよう教育改革を強化する ——————— 124

11.2　「城郷統籌発展」の教育改革 ———————————————— 126

11.3　「就業へ導く」職業教育を強力に発展させる ————————— 128

11.4　現代化建設への高等教育の貢献力を強化する ————————— 130

11.5　開放的現代教員教育制度の構築 ——————————————— 132

11.6　教育の対外交流のグレードと分野を開拓する ————————— 134

第12章　中国の教育が直面する試練 ——————————————— 136

12.1　公平と効率のバランスを保つ ———————————————— 136

12.2　市場と計画の関係調整 ——————————————————— 138

12.3　義務教育が直面する試練 —————————————————— 140

12.4　高等教育機関が直面する試練 ———————————————— 142

12.5　職業教育が直面する試練 —————————————————— 144

第3編　訳注 —————————————————————————— 146

付　録

中華人民共和国教育部歴代部長 ——————————————————— 148

現代中国教育年代記（1949 年から 2012 年まで）———————————— 151

参考書目 ———————————————————————————————— 167

あとがき ———————————————————————————————— 168

訳者あとがき ————————————————————————————— 169

xii

第1編
教育体制

- ●第1章　教育の戦略的配置
- ●第2章　教育の行政機構
- ●第3章　教育の管理体制
- ●第4章　教育体制の改革

図解　現代中国の軌跡　中国教育

1.1　人材強国戦略の実施

● 人材強国の建設

　中国は世界で人口が最も多く、労働資源が最も豊富な国である。十分な人材開発、国民教育水準の普遍的向上は、総合的国力強化、人材開発という現在の世界的傾向であり、人口大国から人材強国への前進は、21 世紀における中国の経済発展、社会の進歩、民族振興の根本的大計である。

　2006 年 8 月、胡錦濤総書記は「科学技術教育立国戦略と人材強国戦略を断固実施すべきである。教育の優先的発展を戦略的に位置付け、教育事業を全面的、協調的かつ持続可能に発展させて、我が国を人材強国とすべく努め、小康社会〔ある程度ゆとりのある社会〕の全面的構築、中華民族の偉大な復興実現のため強力な人材確保を行う必要がある」と指摘した。

　2007 年 10 月、中国共産党第 17 回全国代表大会〔以下、17 全大会〕の報告で、教育の優先的発展・人材強国の建設が指摘されたことにより、人材強国・技術革新型国家を同時に建設し、科学的発展観[注1] の徹底的実行、科学技術教育立国戦略と人材強国戦略の推進という 2 つの努力目標と 2 つの戦略的柱を構築した。

● 教育は国民生活の最優先事項

　2007 年 10 月、17 全大会の報告で、教育の優先的発展が国民生活改善 6 大任務のトップに挙げられた。2008 年 3 月、温家宝は第 11 期全国人民代表大会〔以下、11 全人代〕第 1 回会議の政府活動報告で、教育の優先的発展の堅持を再度強調し、国民生活の保障と改善のトップに掲げた。

　2007 年は教育分野で画期的なことが続いた。農村の義務教育が全面的に国家財政保障の対象となり、年 500 億元の助成金で 2000 万人の学生を支援する新しい資金援助政策が始まり、中央地方双方が分担する保障システムが築かれた。

　また基礎教育教員の資質保障と向上のため、2007 年秋、教育部直属の北京師範大・華東師範大・東北師範大・華中師範大・陝西師範大・西南大の 6 大学が教員志望生の学費無償化を始めた。特に中西部が対象になった。

　2008 年、都市部でも義務教育の無償化政策が進み、すべての都市・農村に及んだ。教育の優先的発展、教育平等化の促進は国民生活改善の最優先事項である。

```
                              ┌─────────────────────────────────────┐
                              │ 教育を優先的に発展させ、人的資源強国を建設す │
                              │ る                                    │
                              └─────────────────────────────────────┘

                              ┌─────────────────────────────────────┐
                              │ 雇用を拡大する発展戦略を実施し、創業により雇 │
                              │ 用を促進する                           │
                              └─────────────────────────────────────┘

  ┌──────────┐                ┌─────────────────────────────────────┐
  │ 国        │                │ 所得分配制度の改革を推進し、都市および農村の │
  │ 民        │                │ 住民所得を増やす                        │
  │ 生        │                └─────────────────────────────────────┘
  │ 活        │
  │ に        │                ┌─────────────────────────────────────┐
  │ お        │                │ 都市および農村の住民全体にわたる社会保障体制 │
  │ け        │                │ を早急に確立し、国民の基本的生活を保障する  │
  │ る        │                └─────────────────────────────────────┘
  │ 6         │
  │ 大        │                ┌─────────────────────────────────────┐
  │ 問        │                │ 基本医療衛生制度を確立し、全国民の健康水準を │
  │ 題        │                │ 引き上げる                             │
  └──────────┘                └─────────────────────────────────────┘

                              ┌─────────────────────────────────────┐
                              │ 社会管理を万全なものとし、社会の安定と結束を │
                              │ 守る                                   │
                              └─────────────────────────────────────┘
```

図解　現代中国の軌跡　中国教育

1.2　教育の優先的発展戦略

●現代中国教育の現状

　1949年中華人民共和国（以下、新中国）が成立、第1回全国教育工作会議が招集され、教育建設の全体方針と政策措置が確立され、中国教育発展の新しい幕開けとなった。

　以来60年の努力の末、中国は人口大国から教育大国へと歴史的飛躍を遂げ「両基（9年間の義務教育実施と青壮年の識字教育）」注2 の成果は著しく、農村の義務教育はすべて財政保障の対象となり、9年間の義務教育普及率が99％に達した。中等職業教育の生徒募集は大幅に増え、技能系の人材育成が強化され、教育構造の合理化が進んだ。高等教育では新管理体制が作られ、人材養成の規模が拡大、就学率は23％に達した。国民の教育程度が急速に向上し、2005年には、15歳以上の平均修学年限が8.5年と世界平均より1年長く、新規労働者の平均修業年限は11年となり、大学以上の学歴を持つ者は700万人を超え、世界第2位となった。中国独自の社会主義教育発展路線を進むことで貴重な成果を得た。新しい歴史的スタートラインにおいて教育の責任と使命は重く、道は遥かである。

●教育の優先的発展戦略

　教育は国家発展の礎であり、民族の最も基本的な事業である。教育の優先的発展の堅持は党と国家が提起した長期的重要戦略で、それは国民経済や社会の各分野において、党と政府が限りある資源を可能な限り教育に当てなければならないというものである。その基本的出発点は、教育の優先的発展が国家の現代化と国民の幸福な生活の前提とならなければならないということである。

　教育の優先的発展の戦略的位置付けは、改革開放以来党中央の一貫した重要戦略で、1982年、12全大会の報告ではじめて現代化戦略の重要事項の1つに挙げられ、その後13全大会から17全大会の報告すべてで教育の優先的発展という戦略的位置付けが明確にされた。18全大会では「教育は民族振興と社会進歩の礎」と提起され、教育の優先的発展が改めて明言された。中国の教育は、科学技術教育立国と人材強国戦略の下、国家による全面的小康社会の建設と21世紀半ばに現代化をほぼ実現する全体目標をめぐり、義務教育・職業教育・高等教育の3分野すべてにおいて未曾有の成果を収めた。

付教育の優先的発展戦略の過程

12 大報告……初めて教育を現代化戦略の重点の1つに挙げる。

1982 年

1987 年

13 大報告……教育事業の発展を戦略的に位置付ける必要性が提起される。

14 大報告……教育の優先的発展を戦略的に位置付け、全民族の思想道徳と科学文化の水準向上に努めるのは、我が国の現代化を実現させる根本的大計であると明確に指摘。中国共産党政権で初めて、教育の優先的発展を戦略的に位置付けると提起した。

1992 年

1997 年

15 大報告……実際に教育の優先的発展を戦略的に位置付ける。

16 大報告……教育は科学技術の発展と人材育成の基礎であり、現代化建設において先導的全面的な働きを持つため、優先的発展の戦略的位置付けをしなければならないと指摘した。

2002 年

2007 年

17 大報告……教育を優先的に発展させ、人材強国を建設することを提起した。

18 大報告……教育は民族振興と社会進歩の礎であり、引き続き、教育優先の戦略を行うことを提起した。

2012 年

第1章 教育の戦略的配置

図解　現代中国の軌跡　中国教育

1.3　教育改革発展の未来図

● 21 世紀に向けた教育振興計画

　15 全大会では科学技術教育立国戦略が全面的に実行に移された。1991 年 1 月 13 日、国務院は教育部の「21 世紀へ向けた教育振興行動計画」を承認・周知した。同計画は、世紀を跨ぐ改革・発展の設計図として、基礎教育・職業教育・高等教育の主要目標を以下の通り定めた。2010 年には「両基」の全面的実現を踏まえ、都市と経済発達地域において高校レベルの教育を順次普及させ、修業年限を発展途上国のトップレベルに上げる。高等教育の規模を拡大して入学率 15 ％を目指し、一部の大学と重点学科は世界トップレベルを目指す。生涯学習体制をほぼ確立し国家の知識イノベーション体制および現代化建設のため、十分な人材支援と知識的貢献を提供する。

● 『国家中長期教育改革・発展計画綱要（2010 ～ 2020 年)』

　17 全大会での教育の優先的発展、人材強国の建設という戦略的配置を具現化し、教育事業の科学的発展を促進し、国民の資質を全面的に向上させ、社会主義現代化を加速化させるため、2010 年 7 月 29 日、党中央と国務院は『国家中長期教育改革・発展計画綱要（2010 ～ 2020 年)』（以下『綱要』）を正式に公布した。

　『綱要』は全体戦略・発展任務・体制改革・保障措置の 4 部分 22 章で構成され、全体戦略では、新時代の教育指導思想と指導方針、戦略目標と戦略テーマの境界を明確化し、「2020 年までに教育の現代化をほぼ実現し、学習型社会をほぼ形成し、人材強国の仲間入りをする」とした。第 2 部の発展任務では、就学前教育・義務教育・高校レベル教育・職業教育・高等教育・特殊教育など各分野の発展に分けて指導規定がなされた。第 3 部の体制改革では、人材体制改革、入試制度改革、現代的学校制度の確立、学校経営体制の改革などの分野について述べられ、教育発展のため全面的で具体的な改革措置が定められた。第 4 部の保障措置では、教員集団の強化、経費投入の保障、教育の情報化の加速、法に則った教育の推進、重要プロジェクト、改革の試験的実施などの内容を含んでいる。『綱要』は 21 世紀中国初の教育計画綱要であり、多方面・長期間にわたる重要任務で、綿密かつ真剣な対処と各課題の確実な実行が要求される。

別表 1　教育事業発展の主要目標

教育類型	指標	単位	2009 年	2015 年	2020 年
就学前教育	在園児 年長児就園率 年中児就園率 年少児就園率	万人 % % %	2658 74.0 65.0 50.9	3400 85.0 70.0 60.0	4000 95.0 80.0 70.0
9 年間の 義務教育	就学生 修了率	万人 %	15772 90.8	16100 93.0	16500 95.0
高等中学 段階の教育＊	就学生 就学率	万人 %	4624 79.2	4500 87.0	4700 90.0
職業教育	中等職業教育就学生 高等職業教育就学生	万人 万人	2179 1280	2250 1390	2350 1480
高等教育＊＊	就学総規模 就学生 そのうちの大学院生 就学率	万人 万人 万人 %	2979 2826 140 24.2	3350 3080 170 36.0	3550 3300 200 40.0
継続教育	就業者の継続教育	万人 （延べ人数）	16600	29000	35000

注：＊ 中等職業教育の学生を含む　　＊＊ 高等職業学校の学生を含む

別表 2　人材開発の主要目標

指標	単位	2009 年	2015 年	2020 年
高等教育の学歴を有する人数	万人	9830	14500	19500
主要労働年齢者の平均修学年限 そのうち高等教育を受けた者の比率	年 %	9.5 9.9	10.5 15.0	11.2 20.0
新規労働者の平均修学年限 そのうち高校段階以上の教育を 受けた者の比率	年 % 	12.4 67.0 	13.3 87.0 	13.5 90.0

図解　現代中国の軌跡　中国教育

1.4　科学技術教育立国の基本的国策

●科学技術教育立国の背景

　中国は人口大国であり、教育人口が全人口の24％以上を占める教育大国でもある。また、世界で人口が最も多い発展途上国であり、人口は基数が大きく、1人当たりの平均資源占有率は極めて低い。新中国成立当初、目先の利益だけを求めて発展してきたが、この方法では国家の持続可能な発展を実現するのは難しい。人口が多いのはある意味で不利であり、この弱点をどうにかして利点に転じるには、教育と科学技術に依拠し、科学技術教育立国を基本国策・新発展戦略とする必要がある。多くの選択に迫られる状況の中、科学技術教育立国を国家戦略とし、国と民族が持続可能な発展をしていく基礎が固められた。

●科学技術教育立国の意味するもの

　科学技術教育立国とは、科学技術の全面的な具現化が最も生産力につながるという考え方で、教育を基本に据えることを堅持し、科学技術と教育を経済・社会発展の重要な位置に置き、国家の科学技術力と、それを現実的生産力へつなげる能力を強化し、民族全体の科学技術文化の素養を向上させるのである。

　1977年文化大革命の終了後まもなく、鄧小平はすでに、「中国が世界の先進レベルに追いつこうとするには、科学と教育から着手しなければならない」と指摘し、その後も多くの場面で繰り返し強調した。鄧小平の一連の重要な考えは、中国が科学技術教育立国戦略を実行するために、重要な思想的基盤、堅実な理論的基盤となった。

　1995年、江沢民は全国科学技術大会の講話で、初めて正式に科学技術教育立国戦略の実施を提起した。1996年、第8期全国人民代表大会〔以下、8全人代〕第4回会議では、法的効力のある形式で「国民経済および社会発展第9次五か年計画」と「2010年長期計画」が正式に提起され、科学技術教育立国を基本的国策とすることが決定した。

　これを指標とし、党と国家の指導部は教育の優先的発展を党の文書から国家戦略へと昇格させ、科学技術教育立国を国家の基本的国策として打ち出した。

教育を経済社会発展の基礎と位置付ける主要表現

教育は人類の生存と発展の基本的活動である

教育投資は現代経済と社会発展への根本的投資である

教育はイノベーション人材と社会主義労働者の育成基地である

第1章　教育の戦略的配置

図解　現代中国の軌跡　中国教育

1.5　教育の優先的発展戦略実施における重要措置

●政府の教育経費を GDP の 4%にする目標を確立

　教育は社会公共益事業であり、公共財政の主要な支出分野である。教育の優先的発展を戦略的に位置付けるには、教育投資の増加を公共財政体制確立の重点とし、各級政府の財政支出責任を明確にする必要がある。その上で社会主義市場経済にふさわしい、かつ公教育へのニーズに応える、安定した、持続的成長の可能な教育投資体制を構築しなければならない。

　2006 年『社会主義による調和社会構築についての若干の重大問題に関する党中央の決定』では、教育支出の財政的増加幅を経常財政収入の増加幅より大きくすることを保証し、それによって逐次教育支出を国内総生産の 4%に引き上げることを提起した。

　2010 年 7 月の『国家中長期教育改革・発展計画綱要（2010 ～ 2020 年）』では、付加価値税・営業税・消費税の 3%を基準に教育付加費を定額徴収し、専ら教育事業に使用すること、公共財政教育支出を 2012 年には国内総生産の 4%まで上げることを規定した。

●中央財政部が「年 1%増加政策」を実行

　4%の目標を実現するため、党中央は中央財政が先頭に立ち毎年 1%増やすこととし、1998 年に「1%政策」を提起、ただちに実施された。同年 7 月 3 日、朱鎔基首相は人民大会堂で、高等教育機関の教員と学生代表に状況報告を行い、1998 年から中央財政が教育支出の比率を連続 3 年間 1%ずつ上げると宣言した。「1% 政策」が実施された結果、5 年間（1998 ～ 2002 年）で中央教育事業費は489 億元増加し、党中央は各省・各自治区および直轄市に対し、財政支出のうち教育費の占める割合を毎年 1 ～ 2%上げるよう要求した。

　「1%政策」は、『21 世紀に向けた教育振興行動計画』の実施を後押しし、高等教育の大衆化実現を支えたのである。

10

国家と社会の教育投資が GDP に占める比率の状況

年	GDP （億元）	教育総経費 （億元）	財政教育支出 （億元）	公財政教育支出の 対 GDP 比（%）
1993	35333.90	1059.94	867.76	2.46
1994	48197.90	1488.78	1174.74	2.44
1995	60793.70	1877.95	1411.52	2.32
1996	71176.60	2262.34	1671.70	2.53
1997	78973.00	2531.73	1862.54	2.36
1998	84402.30	2949.06	2032.45	2.41
1999	89677.10	3349.04	2287.18	2.55
2000	99214.60	3849.08	2562.61	2.58
2001	109655.20	4637.66	3057.01	2.79
2002	120332.70	5480.03	3491.40	2.90
2003	135822.80	6208.27	3850.62	2.84
2004	159878.30	7242.60	4465.86	2.79
2005	183084.80	8418.84	5161.08	2.82
2006	210871.00	9815.31	6348.36	3.01
2007	246619.00	12148.00	8280.21	3.32
2008	300670.00	14500.74	10449.63	3.33
2009	340507.00	16502.71	12231.09	3.59

注：公告における全国統計データはすべて台湾省・香港特別行政区・マカオ特別行政区を含ま
　　ない。
出所：教育部統計公報、教育統計データ。

図解　現代中国の軌跡　中国教育

1.6　現代中国の教育方針

●教育方針

　教育方針は、国家あるいは党が、ある歴史的段階において提起した、教育事業に関する全体的方向・指針であり、教育基本政策の総括である。また、教育事業の発展方向を定め、教育事業全体の発展を指導する戦略的原則であり、行動綱領である。教育方針の文言は永久不変ではなく、外部状況の変化、教育自体の発展におけるニーズに合わせ、時代とともに補足と調整を行う。

●教育方針の特性

　(1)　全体性：教育方針の制定は、誰のために、どんな人物を、どのように育てるのかという根本的は問題に答えなければならない。国家あるいは党は、教育方針を、教育の発展方向全体を徹底させる指針としており、全局面に関わる指導的意義を持っている。

　(2)　可変性：教育方針を制定するのは国家あるいは党であり、時代が変わると国家や党の教育発展に対する政策も異なり、それに伴って教育方針にも変動が生じる。

　(3)　現実性：教育方針は教育目的実現の道筋を明示するという、より明確な現実的意義を持っている。

　(4)　段階性：国や党の教育戦略・政策との連続性と一層の深化、特に同一政党にとっての教育方針のステップがさらに明確になる。

●中国における教育方針の時代的変遷

　中国の社会主義教育方針は、人間のバランスのよい成長に関するマルクス主義の思想の継承と継続である。1957年毛沢東が新中国成立後初めての社会主義教育方針を打ち出してから、2007年17全大会の報告で教育方針が明示されるまでを見ると、中国の教育方針は鮮明な時代的特徴と、時勢とともに歩む探求精神を備えている。

　党と国家の教育方針は、つまるところマクロ的側面から教育における育成目標・育成方法・育成目的など、全体性・戦略性を持った問題を解決しようとするもので、正確な把握、全面的な徹底が必要である。

教育方針の文言に見る変遷

1957 年 2 月

毛沢東は『人民内部の矛盾を正しく処理することについて』で、「我々の教育方針は教育を受ける者が徳育・知育・体育などのいくつかの面で成長し、社会主義の自覚を持った教養のある労働者になることであるべきだ」と指摘し、初めて教育方針の内容を提起した。

1978 年 3 月

『中華人民共和国憲法』で「教育はプロレタリアートの政治に奉仕し、生産労働と結びつき、その結果、教育を受ける者が徳育・知育・体育などのいくつかの面で成長し、社会主義の自覚を持った労働者になるようにしなければならない」と提起した。これは、新中国成立後初めて『憲法』で規範化された教育方針である。

1995 年 3 月

第 8 期全人代第 3 回会議で可決された『中華人民共和国教育法』で、「教育は社会主義現代化のために奉仕すべきで、生産労働と結びつき、徳・知・体などバランスよく兼ね備えた社会主義建設者および後継者を育成しなければならない」と定めた。この文言中の育成目標に見られる明確な変化は、全国民である「社会主義建設者」だけでなく、政治的意義・民族国家的意義を持つ「後継者」も含まれた点である。

2002 年 11 月

16 全大会の報告は「教育は、社会主義現代化建設のため奉仕し、人民に奉仕することを堅持し、生産労働や社会実践と結びつき、徳知体美をバランスよく兼ね備えた社会主義建設者および後継者を育成することが必要である」と提起し、教育と社会実践の結びつきを強調した。

2007 年

17 全大会の報告で「全面的に党の教育方針を徹底し、人材育成本位、徳育最優先を堅持し、素質教育注3 を実施し、教育の現代化水準を上げ、徳知体美がバランスよく兼ね備えた社会主義建設者および後継者を育成し、国民の満足する教育をきちんと行う必要がある」と提起した。科学的発展観の人間本位という核心的思想を体現し、教育は人間本位という本質的性格を明確にした。

2012 年 11 月

18 全大会の報告では、「教育は社会主義現代化のために奉仕し、人民に奉仕することを堅持し、『立徳樹人』〔徳を重んじて人を育てる〕を教育の根本的任務とし、徳知体美をバランスよく兼ね備えた社会主義建設者および後継者を育成しなければならない」と提起し、改めて徳育を教育の根本的任務とした。

第 1 章　教育の戦略的配置

図解　現代中国の軌跡　中国教育

2.1　教育行政システム

● 4ランクの教育行政システム

　中華人民共和国の行政システムは、中央・省（自治区・直轄市）・市（地区）・県の4ランクから構成されている。

　『中華人民共和国教育法』第14条の規定によると、国務院および地方各ランクの人民政府は、ランク別管理・責任分担の原則に基づいて教育業務を指導・管理している。中等教育および中等以下の教育については、国務院指導の下、地方人民政府によって管理され、高等教育については、国務院と省・自治区・直轄市の人民政府が管理する。

　国家の教育事業全体を管理している機関が国家教育部であり、少数だが国務院関連の業務部・委員会も部門・産業別教育事業をそれぞれ管理する行政機関を設けている。

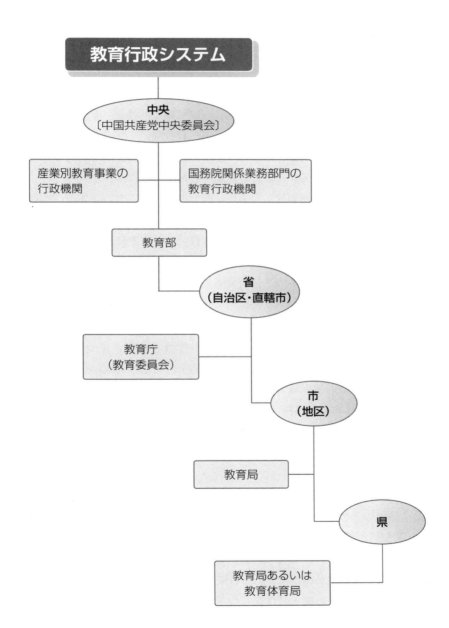

第2章 教育の行政機構

図解　現代中国の軌跡　中国教育

2.2　教育部の主要機能

　教育部は教育事業と言語文字関連業務を主管する国務院の構成部門であり、1949 年 11 月 1 日に設立された。

●**教育部の主要職責**

　(1) 教育業務の方針・政策の研究と立案。教育関連法律・法規の起草。

　(2) 教育改革・発展戦略と全国教育事業発展プランの研究・提案。

　(3) 本部門の教育経費の総合的管理・計画。教育経費・割当金・インフラ整備投資金を調達する方針・対策への参与。全国の教育経費調達使用状況のモニタリング。関連規定による国外からの教育援助・教育融資の管理。

　(4) 中等・初等教育各種学校設置基準・教学基本要求・教学基本文件の研究・提案。

　(5) 普通高等教育・院生教育・高等職業教育・成人高等教育・民間経営高等教育注1・成人高等教育・成人高等教育検定試験注2・継続学習などの立案・管理。

　(6) 少数民族教育についての総合的計画・指導。少数民族地区への教育援助の調整。

　(7) 高等教育機関の党組織設立活動と、各級・各種学校の思想政治、道徳教育、体育衛生・芸術教育、国防教育活動についての企画・指導。

　(8) 全国の教員関係業務の管理。教員資格基準の制定と実施の指導。

　(9) 各種高等教育の学生募集・入試業務についての立案・計画・管理。

　(10) 高等教育機関の自然科学・哲学・社会科学研究の企画・指導。

　(11) 教育部門の対外業務の計画的管理および調整・指導。対外中国語教学活動の指導。在外教育機構の活動指導。香港・マカオ特別行政区および台湾地区との教育交流の調整責任。

　(12) 国家言語文字関連業務の方針・政策の起草。民族共通語の普及と同試験に関わる活動の指導。

　(13) 学位関連業務の立案・学位関連法規の起草。国家学位制度の実施責任、国務院学位委員会の具体的業務の担当。

　(14)「中国ユネスコ全国委員会」の各委員組織およびその他の部門・機関とユネスコが、教育・科学技術・文化などの方面で展開する協力と交流のバランス調整。

教育部機構の沿革

1949

中央人民政府教育部
（1949.10 ～ 1965.1）
部長：馬叙倫
（1949.10 ～ 1952.11）
張奚若（1952.11 ～ 1958.2）
楊秀峰（1958.2 ～ 1964.2）
劉季平（1964.2 ～ 1964.1 代理
部長）
何偉（1964.10.12 ～文化大革命）

非識字者一掃工作委員会
（1952.11 ～ 1954.11）
主任：楚図南
（1952.11 ～ 1954.11）

1952

高等教育部
（1952.11 ～ 1958.2：1963.10
～ 1966.7）
部長：馬叙倫
（1952.11 ～ 1954.9）
楊秀峰
（1954.9 ～ 1958.2：1964.2 ～
1965.1）
蒋南翔（1965.1 ～ 1966.7）

1965

国務院教科班
（1970.6 ～ 1975.1）
班長：李四光
（1970.6 ～ 1971.4）病のため劉
西尭・遅群が代行

国家教育部（1975 ～ 1985）
部長：周栄鑫
（1975.1 ～ 1976.4）
劉西尭（1977.1 ～ 1979.2）
何東昌（1982.4 ～ 1985.6）

1975

国家教育委員会
（1985.6 ～ 1998.3）
主任：李鵬（兼務）
（1985.6 ～ 1988.4）
李鉄映（兼務）
（1988.4 ～ 1993.3）
副主任：何東昌
（1985.6 ～ 1993.3）

1985

中華人民共和国教育部
（1998 ～ ）
部長：陳至立
（1998.3 ～ 2003.3）
周済（2003.3 ～ 2009.10）
袁貴仁（2009.10 ～ ）

1998

第2章 教育の行政機構

図解　現代中国の軌跡　中国教育

2.3　教育部設置の組織

●下部組織

弁公庁・政策法規司・発展計画司・人事司・財務司・基礎教育1司・基礎教育2司・職業教育兼成人教育司・高等教育司・教育監督指導団弁公室・民族教育司・師範教育司・体育衛生兼芸術教育司・思想政治工作司・社会科学司・科学技術司・高等教育機関学生司・直属高等教育機関工作司・学位管理兼研究生〔大学院生〕教育司・言語文字応用管理司・言語文字情報管理司・国際交流兼協力司など、22の内部組織が設立されている。〔中央各部の下部組織を「司」という〕

●教育行政事務システム

教育行政事務システム（英語の略称はEdoas）は、教育部教育管理情報センターが教育部弁公庁の委託を受けて開発した教育管理組織と学校事務自動化システムである。このシステムは、教育部弁公庁により省・市と直属大学が統一配備しなければならない情報処理交換のプラットフォームとして定められた。

このシステムは、教育部各司局、一部の省・市および大学から集めた意見を基に、教育システムの管理上の需要を考慮し、先進技術を集結して、教育部・省・市教育庁と学校間の文書情報交換を可能にした。また、各組織内部の全事務機能を備えており、その主なものは、公文書の伝達、情報管理、内外部インターネット情報の公開と閲覧、個人関係業務、公共情報、会議管理、情報交換および、機構の人員配置管理、業務工程の環境開発、電子メールシステムなどである。教育部弁公庁はこのシステムを、『教育部簡報』など内部情報メールの唯一の公開プラットフォームに指定している（各学校が閲覧できるよう、学校内部の事務システムに自動発送している）。また、各組織はそれぞれ独自の需要に基づいて、新機能モジュールの追加・拡大ができる。

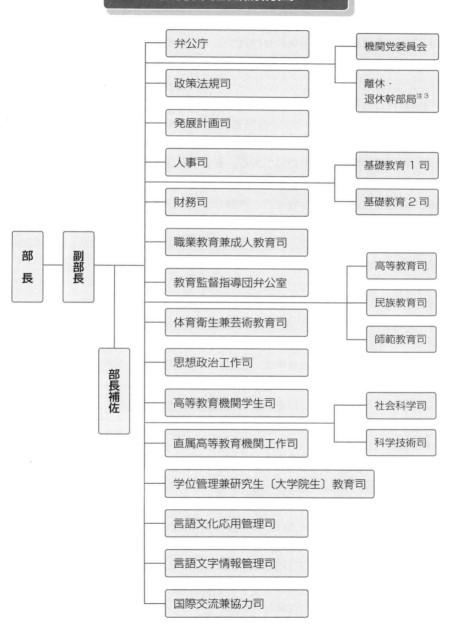

図解　現代中国の軌跡　中国教育

2.4　教育部の直属機関（主要な社会団体）

●教育部の直属機関（主要な社会団体）

　教育部の直属機関は、国家教育行政学院・中央教育科学研究院・教育発展研究
センター・高等学校社会科学発展研究センター・中央広播電視大学・中央教育電
視台など、34団体である。

●国家教育行政学院

　国家教育行政学院は、1955年に設立された、教育部直属の独自の教育幹部養
成大学である。学院の主要任務は、全国教育部門のためのハイレベルな教育管理
幹部と教育管理専門の人材養成である。養成対象は、主に全国各市・県（市は地
級・県級を含む）の教育業務主管指導者、各省・自治区・直轄市・市・県（市は
地級・県級を含む）教育行政部門主要指導者、全国各級各種学校指導者、全国大
学思想政治理論課の中核教師などで、研修クラス・養成クラス・特別ゼミクラス・
上級研究クラスなどがあり、各養成タイプや対象により期間を調整し、短期研修
を主とする。

●中国教育科学研究院

　中国教育科学研究院は、教育部直属の総合的教育科学研究機構で、前身は
1941年中国共産党が延安に設立した中央研究院中国教育研究室である。1957年
1月26日、国務院と中央書記処[注4]の認可を経て設立され、2011年中国教育科学
研究院に改められた。この機構は、長期にわたり党と国家の教育方針を貫き、教
育の改革と発展における重要理論・政策・実践という問題について真剣かつ着実
に研究し、中国の教育科学事業の繁栄と発展、社会主義教育の現代化のため大き
く貢献している。

●中央教育電視台

　中国教育電視台（略称CETV）は1986年に創設された教育部管轄の国家的マ
スコミ専門機関である。現在5つのTVチャンネルと衛星放送・地上波を相互に
一体化させた全国最大のIPTV［IP技術による映像配信サービス］の教育新メディ
ア動画プラットフォームを持っており、「大先輩に学ぶ、その感動的教育人生」
という『教育人生』番組は影響力が大きかった。CETVは放送開始以降、公共
教育放送として、世界最大の学習型プラットフォームの設立およびその発展ス
ペースの確保を明確なものとし、単なる学校教育のサポートから、全民教育・遠
隔教育へと発展し、社会に貢献している。

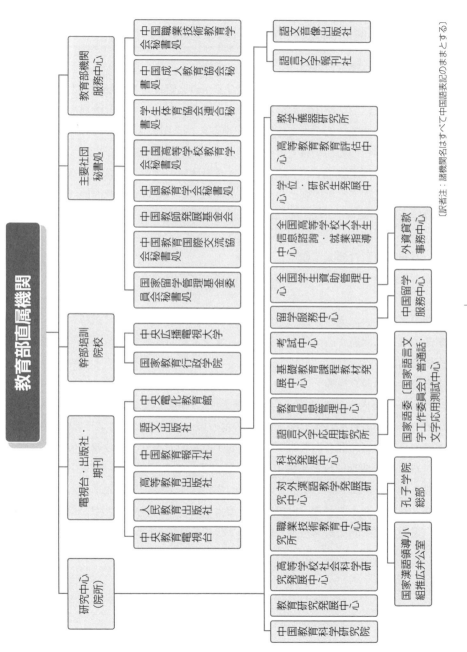

(訳者注：諸機関名はすべて中国語表記のままとする)

第2章　教育の行政構機

21

図解　現代中国の軌跡　中国教育

2.5　教育部直属高等教育機関〔以下、大学〕

●教育部直属高等教育機関

　教育部直属大学は中華人民共和国教育部が直属管理する大学のことであり、その設立目的は、改革深化において先行し、教育・科学研究・社会貢献方面で模範的役割を発揮することである。21世紀を迎え、全国大学管理体制の調整を経て、実力を持ち学科の特色のはっきりした大学75校が教育部直属とされた。20世紀末の大学管理体制調整で、大学は中央と省級政府の2ランク管理となり、省政府が主に計画管理する新体制となった。その結果、大学は中央政府所属大学・地方省政府所属大学に分かれ、それまでの「全国重点大学」という表現は使われなくなった。

●『直属高等教育機関工作司』

　教育部直属高等教育機関工作司は、直属大学における発展戦略計画の立案を指導し、直属大学の学校経営を規範に合わせ、監督する。すなわち、直属大学管理体制の調整と改革業務を担当し、関係方面と協力して直属大学指導グループの思想政治などに関連する業務を強化する。また、総合処・発展改革処・大学指導工作処を内設する。

●直属大学の設立意義

　教育部直属大学には北京大学・清華大学・中国人民大学・北京師範大学など75校がある。教育部直属大学は、国家の最も優れた高等教育リソースが集中した、国家の高等教育発展の先進的水準を代表するものであり、高等教育の改革発展全体において重要な地位と影響力を持っている。この20年来、国家の持続的重点建設を経て、直属大学およびその一部の学科はすでに世界の先進的水準にせまる条件と基礎を備えており、世界的な一流大学やハイレベルな大学を創設する過程で、重要な歴史的使命を担っている。

教育部直属大学

北京大学	清華大学	中国人民大学	北京科技大学	北京化工大学
北京師範大学	北京語言大学	北京外国語大学	北京交通大学	北京郵電大学
中国石油大学 （北京）	中国石油大学 （華東）	中国農業大学	中国伝媒大学	北京林業大学
中国政法大学	中央財経大学	中央音楽学院	中央戯劇学院	中央美術学院
北京中医薬大学	対外経済貿易 大学	南開大学	天津大学	華北電力大学
東北大学	大連理工大学	吉林大学	東北師範大学	東北農林大学
復旦大学	同済大学	上海交通大学	華東理工大学	東華大学
華東師範大学	上海外国語大学	南京大学	上海財経大学	東南大学
中国砿業大学	中国砿業大学 （北京）	河海大学	江南大学	南京農業大学
合肥工業大学	中国薬科大学	浙江大学	アモイ大学	山東大学
中国海洋大学	武漢大学	華中科技大学	中国地質大学 （武漢）	中国地質大学 （北京）
武漢理工大学	華中師範大学	華中農業大学	中南財経政法 大学	湖南大学
中南大学	中山大学	河南理工大学	四川大学	西南財経大学
西南交通大学	電子科技大学	重慶大学	西南大学	西安交通大学
西北農林科技 大学	陝西師範大学	西安電子科技 大学	長安大学	蘭州大学

第2章　教育の行政機構

図解　現代中国の軌跡　中国教育

2.6　「211 プロジェクト」指定大学

● 「211 プロジェクト」

　「211 プロジェクト」は国が 21 世紀へ向けて約 100 の大学と一群の重点学科を
重点的に設けたプロジェクトで、新世紀技術革命の試練に対応するために、21
世紀に向け、中央と地方各方面の力を結集して、約 100 の大学と一群の重点学科・
専攻を、期間と分量を分けて重点的に建設し、それによって 2000 年頃までに教
育の質・科学研究・管理水準・学校経営効果などの方面を大きく向上させ、21
世紀の初めには、世界一流レベルに迫る、あるいは追いつくようにしようとする
ものであった。

　「211 プロジェクト」は、国家重点項目として国民経済社会発展中長期計画お
よび第 9 次五か年計画〔以下、「九 5」〕に組み込まれ、1995 年から実施された。

● 「211 プロジェクト」対象大学

　教育部・財政部の文書『211 部協弁 2005〔6〕号』の精神に則り、2005 年 9 月
8 日より、華中農業大学・華中師範大学など 12 校が正式に 211 プロジェクトに
追加されて重点校となり、資金は従来の関係文書に従って支給することとなっ
た。「211 プロジェクト」はすでに 107 の大学が指定されている[注5]。

● 「211 プロジェクト」の進捗状況

　「九 5」期間、「211 プロジェクト」指定大学に計 602 の重点学科設立が行われた。
内訳は人文社会 62 校（全体の 10%）、経済政法 57 校（10%）、基礎科学 89（15%）、
環境資源 42（7%）、基礎産業・高新技術 255（42%）、医薬衛生 66 校（11%）、
農業 31 校（5%）。「九 5」期間、「211 プロジェクト」建設資金総額は約 183 億元
で、そのうち、重点学科建設資金は 63.88 億元、公共サービスシステム建設資金
は 35 億元、インフラ建設資金は 10.06 億元、関連設備建設資金は 73.32 億元であ
る。

　「211 プロジェクト」指定大学では、重点学科建設を核とした指導理念と、学
校の発展における学科建設の中心的地位が確立され、ハイレベルな人材の育成力
が向上し、科学研究設備のレベルも大幅に向上して、科学先端分野の研究を展開
し、経済建設上の重要問題を解決する能力が明らかに強化され、教師陣の充実も
重視され、人材を着実に確保し引きつけるために相応の環境が整えられた。

中国「211 プロジェクト」指定大学の分布

地域分布	大学名
北京（23）	清華大学、北京大学、中国人民大学、北京交通大学、北京工業大学、北京航空航天大学、北京理工大学、北京科技大学、北京化工大学、北京郵電大学、中国農業大学、北京林業大学、中国伝媒大学、中央民族大学、北京師範大学、中央音楽学院、対外経済貿易大学、北京中医薬大学、北京外国語大学、北京協和医科大学、中国政法大学、中央財経大学、華北電力大学
上海（9）	上海外国語大学、復旦大学、華東師範大学、上海大学、東華大学、上海財経大学、華東理工大学、同済大学、上海交通大学
天津（3）	南開大学、天津大学、天津医科大学
重慶（2）	重慶大学、西南大学
河北（1）	河北工業大学
山西（1）	太原理工大学
内モンゴル（1）	内モンゴル大学
遼寧（4）	大連理工大学、東北大学、遼寧大学、大連海事大学
吉林（3）	吉林大学、東北師範大学、延辺大学
黒竜江（4）	ハルビン工業大学、ハルビン工程大学、東北農業大学、東北林業大学
江蘇（11）	南京大学、東南大学、蘇州大学、南京師範大学、中国礦業大学、中国薬科大学、河海大学、南京理工大学、江南大学、南京農業大学、南京航空航天大学
浙江（1）	浙江大学
安徽（3）	中国科学技術大学、安徽大学、合肥工業大学
福建（2）	アモイ大学、福州大学
江西（1）	南昌大学
山東（3）	山東大学、中国海洋大学、中国石油大学
河南（1）	鄭州大学
湖北（7）	武漢大学、華中科技大学、中国地質大学、武漢理工大学、華中師範大学、華中農業大学、中南財経政法大学
湖南（3）	湖南大学、中南大学、湖南師範大学
広東（5）	中山大学、暨南大学、華南理工大学、華南師範大学、広州北京中医薬大学
広西（1）	広西大学
四川（5）	四川大学、西南交通大学、電子科技大学、四川農業大学、西南財経大学
雲南（1）	雲南大学
貴州（1）	貴州大学
陝西（6）	西北大学、西北交通大学、西北工業大学、長安大学、西北農林科技大学、西安電子科技大学
甘粛（1）	蘭州大学
新疆（1）	新疆大学
軍事系統（3）	第2軍医大学、第4軍医大学、国防科技大学

2.7 「985 プロジェクト」指定大学

● 「985 プロジェクト」

「985 プロジェクト」は政府が実施した国家プロジェクトである。その全体構想は、若干の世界一流大学と国際的知名度の高い研究型大学建設を目標とし、大学の新しい管理体制と運用メカニズムを確立して、2020 年までの戦略的好機を逃さず、資源の集中、重点の強調、特色の体現、優勢の発揮、飛躍的発展の堅持を図り、中国独自の、世界一流大学建設への道を歩むというものである。

● 「985 プロジェクト」指定大学

1998 年 5 月、江沢民総書記は北京大学創立百周年記念式で「我が国は、現代化実現のために、何校か世界トップレベルの大学が必要である」と提起した。教育部は 1999 年から、次々に一部の省・市地方政府と協力協定書を交わし、国家・地方と関係部門・委員会の共同出資により建設に当たることとした。

その後、「985 プロジェクト」は 1 期・2 期建設が行われ、指定大学は、北京 8 校、上海・湖南・陝西各 3 校、天津・江蘇・遼寧・四川・山東・湖北・広東各 2 校、重慶・浙江・吉林・福建・安徽・黒竜江・甘粛各 1 校、合計 39 校となった。

● 「985 プロジェクト」の進捗状況

1998 年 5 月 4 日、北京大学創立 100 周年の記念式典で教育部の指導者が、今後連続 3 年、政府が毎年中央財政収入の 1 % を捻出して、中国に世界一流大学を建設するための資金とすることを提案し、原則的に認められた。同年の財政収入予測から、「985 プロジェクト」には総額で 300 億元以上投入されることになった。

1998 年は北京大学と清華大学が世界一流大学建設の対象大学に認められ、それぞれ教育部から 18 億元の資金を得た。2000 年には合わせて 38 校に増加し、「985 プロジェクト」によって、中国の大学は「世界一流大学」への歩みを加速させた。2010 年『タイムズ　大学教育特集号』は、高等教育研究機構と合同で一流大学ランキングを発表し、中国本土では 3 大学が世界の 100 大学にランクインした。北京大学が第 37 位、中国科学技術大学が第 49 位、清華大学が 58 位で、南京大学・中山大学・浙江大学も上位 200 位に入った。

「985プロジェクト」第1期　第2期リスト

大学名	政府検査部門	契約時期	大学名	政府検査部門	契約時期
北京大学	教育部・北京市	1998.5	電子科技大学	教育部・工信部・四川省・成都市	2001.9
清華大学	教育部・北京市	1998.5	中山大学	教育部・広東省	2001.10
南京大学	教育部・江蘇省	1999.7	華南理工大学	教育部・広東省	2001.10
復旦大学	教育部・上海市	1999.7	蘭州大学	教育部・甘粛省	2001.12
上海交通大学	教育部・上海市	1999.7	東北大学	教育部・遼寧省・瀋陽市	2002.1
西安交通大学	教育部・陝西省	1999.9	同済大学	教育部・上海市	2002.2
浙江大学	教育部・浙江省	1999.11	北京師範大学	教育部・北京市	2002.8
南開大学	教育部・天津市	2000.12	中国人民大学	教育部・北京市	2003.9
天津大学	教育部・天津市	2000.12	中国科技大学	中科院・教育部・安徽省	1999.7
山東大学	教育部・山東省	2001.2	ハルピン工業大学	工信部・教育部・黒竜江省	1999.11
華中科技大学	教育部・湖北省・武漢市	2001.2	西北工業大学	工信部・教育部・陝西省・西安市	2001.4
吉林大学	教育部・吉林省	2001.2	北京理工大学	工信部・教育部・北京市	2000.9
アモイ大学	教育部・福建省・アモイ市	2001.2	北京航空航天大学	工信部・教育部・北京市	2001.9
武漢大学	教育部・湖北省	2001.2	以上が　「985プロジェクト」第1期		
中国海洋大学	教育部・山東省・国家海洋局・青島市	2001.2	中国農業大学	教育部・北京市	2004.6
湖南大学	教育部・湖南省	2001.2	中央民族大学		2004.6
中南大学	教育部・工信部・湖南省	2001.2	西北農林科技大学		2004.6
大連理工大学	教育部・遼寧省・大連市	2001.8	中南財経政法大学		
重慶大学	教育部・重慶市	2001.9	華東師範大学	教育部・上海市	2006.9
四川大学	教育部・四川省	2001.9	国防科技大学		

図解　現代中国の軌跡　中国教育

2.8　「2011 プロジェクト」

● 「2011 プロジェクト」

「大学イノベーション能力向上計画」のことで、胡錦濤前総書記が 2011 年清華大学創立 100 周年記念の講話で提起した。これにより、教育部・財政部は「2011 プロジェクト」実施を決定、2012 年 3 月 23 日、高等教育内容全面向上推進会議で、『大学イノベーション能力向上計画の実施に関する意見』を共同公表した。この計画は、教育部と財政部共同で検討・立案され、その目的は大学内外にある組織体制の壁を突破、人材・資源などのイノベーション能力を開花させることであった。

● 「2010 プロジェクト」の全体的目標

国家中長期教育科技発展計画綱要と「十二 5」関連分野および地方重点発展計画を統合し、多学科・多機能という大学の優位性を発揮させ、国内外のイノベーション力と資源を積極的・有効的に集結させ、新協力モデルを構築し、共同イノベーションによる新たな優位性を形成した。「2011 共同イノベーションセンター」注6 を設立し、大学組織改革を加速化させ、新イノベーション方式を検討し、優秀な人材を結集・育成して大きな成果を目ざす。高等教育は、生産力としての科学技術、資源としての人材が結合することで出色の効果を発揮し、国家イノベーション発展に大きく貢献した。

● 「2011 プロジェクト」の重要任務

国の要請を旗印に、システムと体制の改革を核とし、共同イノベーションセンター設立を担い手とし、イノベーション資源と要素の効果的結集を保障として、大学のイノベーション方式を刷新、人材・学科・科学研究の三位一体の力を高める。大学と他機関の障壁を破り、人材・資本・情報・技術などの要素を解放して、大学と、大学・科学研究院・企業・地方政府・海外科学研究機関との協力を推進、新たな協同イノベーションモデルと、それに有利な環境・雰囲気を形成する。

● 「2011 プロジェクト」の実施範囲および周期

大学開放に向け、大学が主体となり科学研究所・企業・地方政府や、新たな国際イノベーション勢力の参与を積極的に受け入れる。「2011 プロジェクト」は 2012 年から 4 年周期で実施。「211 プロジェクト」・「985 プロジェクト」から引き継がれた。

```
                        ┌─ 科学的効果的な組織管理体の構築

                        ├─ 協同イノベーションを促進する人事管理制度の模索

                        ├─ 研究によって優秀なイノベーション人材を教育する養成
                        │  モデルの構築

2011プロジェクトにおける  ├─ イノベーションの質と貢献度を基準とする評価システム
大学組織体制改革          │  の形成

                        ├─ イノベーションを持続させる科学研究組織モデルの設立

                        ├─ 学科の融合によるイノベーション資源配分方法の最適化

                        ├─ 国際交流・協力モデルの刷新

                        └─ 共同イノベーションに有利な文化的雰囲気作り
```

図解　現代中国の軌跡　中国教育

3.1　教育行政体制

●教育行政体制

　教育行政体制は国家行政組織部門の１つで、教育指導管理に対する国の組織構造と業務制度の総称であり、国家行政体制の重要部分である。主に、教育行政機関の設置、各級教育行政機関の従属関係と相互間の職権区分などによって構成される。

　中国現行の教育体制は、「統一指導、行政ランク別管理」の基本原則によって成立している。すなわち、中央政府が国家教育部を置き、地方では省・市・県・郷の４ランクに教育庁〔教育委員会〕・局〔教育局〕・組〔係〕など専門的な教育行政組織を置いている。地方各ランクの教育行政組織はすべて中央の統一指導を受けており、中国の教育体制は基本的に集権制である。

●教育行政体制のタイプ

　教育行政体制は、国家が教育活動に関与する方式や教育行政の形態により、主に以下の３タイプに分けられる。

　(1) 集権制と分権制：教育行政権力の区分と行政方式の違いによって区分する。

　(2) 首長責任制と合議制：首長制と委員会制とも呼ばれ、教育行政組織の最高決定者の人数により区分する。

　(3) 完全整合制と分離制：従属制と独立制とも呼ばれ、同一管理レベルの各機関あるいは同一機関内の各構成部署が上級機関から受ける指示・指導・監督の程度、あるいは従属関係の違いによって区分する。

　社会の発展を全体として見ると、現在の経済・社会の発展において各ランクの行政府は教育への参画を求められている。教育の原則から見るに、教育は社会の政治・経済・文化と離れては発展できない。教育固有の経済機能・政治機能・文化機能は、社会の政治・経済・文化の発展とともに歩んでいく必要性がある。そのため、教育行政が絶対的な分離制を実行するのは非現実的であり、逆に教育の原則および教育行政事務の煩雑化により、完全整合制を厳守するのも困難である。このような状況から臨機応変に対処することが求められている。

30

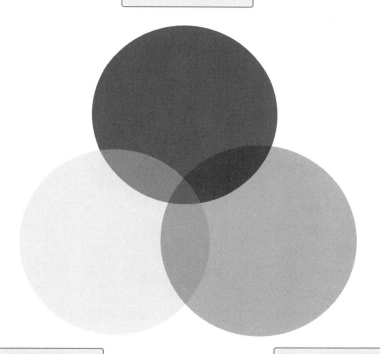

第3章 教育の管理体制

図解　現代中国の軌跡　中国教育

3.2　学校管理体制

●学校管理体制の意義

　現代の学校管理体制は、学校部門の従属関係・機構配置・管理権限と職責および組織制度など多方面の総合的な構造システムである。この体制は、縦では上部に対し教育システム全体における学校部門組織の位置・従属関係が規定され、横では学校部門内部の各組織間の関係、また各非行政組織間の関係および各管理部署の位置付け・役割・権限・職責が規定されている。

　現代学校管理体制は学校の経営・管理の根本制度であり、それによって学校の管理が秩序正しく行われ、学校全体の業務目標が最良な状態で実現されるのである。また、この体制には現代学校指導体制・現代学校管理機構および現代学校管理規章制度なども含まれている。

●学校管理体制に影響を与える要因

　(1)　社会制度

　(2)　団体と政治形態

　(3)　政治経済情勢の変化

　(4)　学校開設の主体

　(5)　学校の教育目標・レベル・規模

●現行の学校指導体制

　現行の学校指導体制は校長〔学長〕責任制であり、学校は上級機関の統一指導下にある。校長の全面的責任を中核に、党組織による監督保証、教職員による民主的管理と有機的に結合し、学校の業務目標実現に向けて行政管理能力を十分に発揮する学校指導構造システムである。校長責任とは、校長の職位・権力・職責を含む。

現代学校指導体制確立の原則

- 学校指導を一本化する
- 学校の決定権を集中させる
- 学校の決定は校長1人の責任とする
- 党と政府による学校指導を強化する
- 学校の教職員・一般職員が管理に参与する民主性を持つ
- 情報のフィードバックで指導効率を上げる

第3章　教育の管理体制

図解　現代中国の軌跡　中国教育

3.3　学校運営体制

　学校運営体制には2つの意味がある。1つは、どんな社会主体〔社会的団体あるいは個人〕が学校経営をし、教育機関を設立してよいのか、で、もう1つは異なる社会主体が設立した教育機関によって築かれた教育体制全体である。

●指導理念

　国家は社会団体と国民個人による法に基づいた学校運営に対し、「積極的な奨励・強力な支持・正しい指導・管理の強化」という方針を採っている。教育法では、教育の発展計画、学校およびその他の教育機関の設立については国家が決定すると規定されており、国家は、企業・事業組織・社会団体・その他社会組織および個人による、学校やその他教育機関の法に基づいた設立を奨励している。

●公立学校の運営体制改革

　公立小中学校運営体制の改革は多様化しており、主に、財産権譲渡モデル、財産権は変えず運営を民間組織に任せるモデル、協力型学校新設モデルがある。民間運営型は、元々からある優良な公立学校、教育困難校、中高非一貫型学校および企業経営の学校に対し、体制改革とシステム改変を実施するものである。協力型学校新設モデルは、実際は増設発展型の運営改革を試行するもので、主に公立学校・政府新設の学校および住宅地区に付属した学校などが民間協力を得て開設する、あるいは株式方式で形成された新しい協力型の学校である。

　公立小中学校における運営体制改革の具体的実践を見ると、改革は一定の成果を得たが、政府機能の履行方法、学齢児童・青少年の権益保障方法、学校間の公平な競争とバランスのよい発展促進の方法、国有資産の管理方法、腐敗現象の発生防止など、問題は依然として残されている。

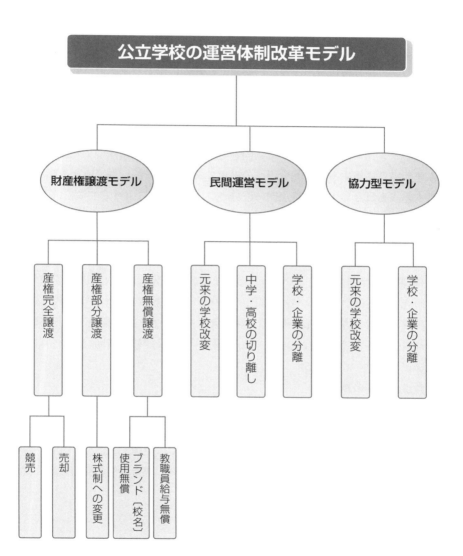

第3章　教育の管理体制

図解　現代中国の軌跡　中国教育

3.4　教育投資体制

　中国の教育投資体制は、国家財政から資金を交付し、社会団体・一般労働者な
どさまざまなルートから資金を調達する方針を採っている。その中でも、国家財
政からの交付は教育投資の主要な供給源で、社会による資金調達は教育関係の税
収・教育費付加・一般寄付などからである。その他、学校の自己投資、学生の保
護者および個人の投資なども含む。

●教育投資の分配と使用

　教育のインフラ整備への投資は、国家財政分配システムに基づいており、国家
基本建設投資に属する非生産分野への投資である。一般的に国家計画委員会と国
家基本建設委員会により教育部門に配分され、教育部門によって主に校舎の建設・
大型実験器具の配備に使われる。

　教育事業経費も教育投資の中の重要部分であり、その分配と使用について2つ
の状況に分けられる。まず、教育事業経費の用途によって、教職員経費・教育公
用経費・教育科学研究経費に分けられる。また、分配先によって、高等学校経費・
科学研究経費・留学生経費・中等専門学校経費・職業教育経費・中学校教育経費・
小学校教育経費・幼児教育経費・地方職業大学補助経費・高等業余〔勤務時間外〕
教育経費・初等中等業余教育経費・教員研修経費・民間教育補助経費・特殊教育
経費などに分けられている。

●教育投資比率の指標

　教育投資比率の指標は教育投資が国民経済において占める割合で、すなわち教
育投資と国民経済の関係を反映した数字的指標とその算出範囲である。

　一国の教育投資の比率に影響を与える要因として、経済・社会人口・科学技術・
政治などの要因がある。教育投資の比率は、その国の教育事業の発展規模と速度
を反映し、国家の教育重視度も反映している。

36

1952〜2007年全国教育総経費の増加状況

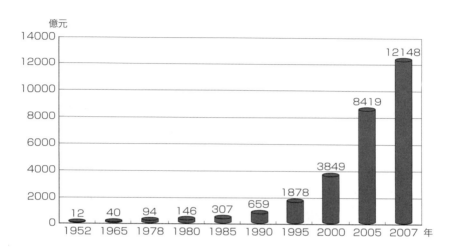

図解　現代中国の軌跡　中国教育

3.5　学生募集・就職体制

●中国の学生募集・就職制度の変遷

(1)　文化課〔一般教養科目〕統一入試と国家による統一分配（1949 ～ 1965 年）

(2)　大学の学生募集停止（1966 ～ 1969 年）

(3)　一般大衆推薦入学と卒業後の「社来社去〔人民公社から入学して卒業後は元の人民公社へ配属される〕」（1970 ～ 1976 年）

(4)　統一入試・統一分配による学生募集・就職制度の再開（1977 ～ 1985 年）

(5)　双軌制〔2 本立体制〕：計画的募集と調整的募集の両立〔後述〕、割当分配と推薦就職の併存（1986 ～ 1997 年）[注1]

(6)　募集計画の一本化と「双方向の選択」による就職体制（20 世紀末）

(7)　大学の学生募集拡大と市場主導型就職体制（1999 年～）

●学生募集体制

普通大学は、国家計画と調節的計画併存の募集体制を実行した。国家計画は主に国家の重点項目・国防建設・文化教育・基礎科学・先端技術および辺境地区と一部の過酷な職種などにおいて必要な人材を確保する。この計画の完遂が保証された上で、社会各方面のニーズと大学の運営条件に基づき、雇用側からの委託研修生と自費生の入学が許可された。この方法は調節的計画に属し、研修費用は雇用側あるいは学生の家庭負担となる。普通大学の募集計画は、中央のマクロ的指導・全体的調整、中央と省・市の 2 ランク管理によりランク別に責任を持つ方法が実行された。

●「双方向の選択」による就職体制

主管部門と大学の連携による就職計画が作られ、「就職面談会」で就職先を決定する方法が採択されたことで、卒業生の就職制度は、まずは「市場主導、政府制御、学校推薦、学生側と雇用側の双方向の選択」という新しい構造を確立した。

学生募集と資金交付制度改革の進行、市場経済の発展と労働人事制度改革の深化につれ、国家の卒業生統一分配制度は徐々に「国家の政策指導、卒業生の自主的職業選択」制度に移行した。つまり、少数の国家奨学金・特別奨学金・雇用機関の奨学金対象の奨学生以外、大部分の卒業生が国家の方針、政策指導の下、自主的に職業選択できるようになったのである。

「双方向選択」の就職体制

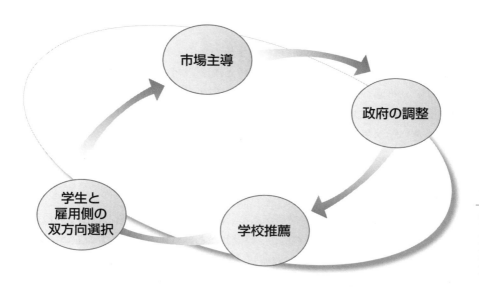

第3章　教育の管理体制

図解　現代中国の軌跡　中国教育

3.6　現代の学校教育制度

　現代学校制度の核になっているのが学校教育制度、略して学制である。学制は国家の各級各種学校の体系およびその管理規則を指し、各級各種学校の性質・任務・入学条件・修業年限および学校間の相互関係を規定している。

●学校教育制度の形成

　現代学校教育制度の形成は、現代の学校の誕生・発展と連動している。古代、東西を問わず、学校は大学・中学〔高校と中学〕・小学校と厳密には分けられておらず、幼稚園も存在しなかった。仮に大学・小学という呼称があったとしても、例えば西周時代の大学・小学やヨーロッパ中世の大学は、今日の大学・小学とは大きな違いがある。近代以降、商品経済と資本主義の発展に伴い、次第に現代の学校が誕生し、徐々に公教育制度が形成され、大学・中学・小学校が厳密に区分されて、現代の学校教育システムが形作られた。

●現代学校教育制度のタイプ

　現代の学制は主に２種類の構造がある。縦割りの系統的構造と横割りの段階的構造であり、この違いは、系統的か、段階的かという組み合わせ方の違いによる。

　縦割りに圧倒的に有利なのが双軌制〔２本立て〕[注2]であり、横割りで圧倒的に有利なのが単軌制〔１本立て〕[注3]である。ヨーロッパの学制は前者で、アメリカの学制は後者に属する。この中間にあるのが分枝型学制〔枝分かれ型〕[注4]で、旧ソ連の学制がその代表である。

●中国現行の学校教育制度の形態

　形態上から、中国の学制は単軌制から発展した分枝型学制である。20世紀初め、中国は西洋から単軌制を取り入れたが、生産と社会の発展に伴い、教養ある労働者の需要が急激に高まってきたため、必然的に分枝型学制に移行した。

　この20年余り、中国の学制改革と発展の基本的流れは、分枝型学制の再構築・整備であり、学制の発展に伴い、今後は高級中学〔高校〕総合化が単軌制の方向に進んでいくだろう。

40

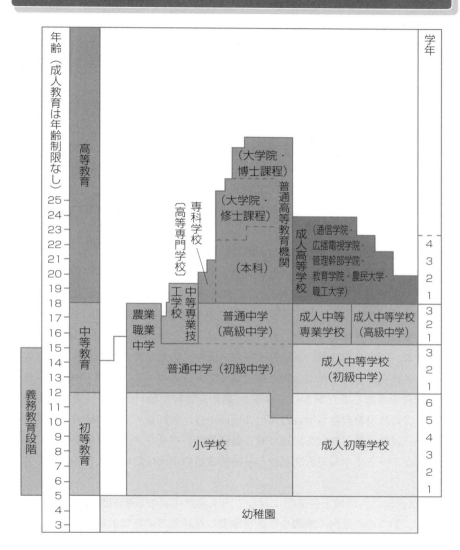

図解　現代中国の軌跡　中国教育

4.1　教育体制

●教育体制の意義

　教育体制は国家組織と教育管理の形式・方法・制度の総称で、一般に教育行政体制・学校内部管理体制・学校運営体制・教育投資体制・学生募集および就職制度の5つの分野に分かれている。

　新中国成立後、人民政府は旧教育の受入と改善を基礎に、解放区〔抗日戦争・解放戦争時に解放された地区〕の教育経験を吸収し、旧ソ連の教育モデルを手本として、まずは当時の高度集中型計画経済体制に適合した社会主義教育体制を確立した。改革開放後、教育体制は新しい経済体制に適応するため、全面改革が行われ、1985年に『教育体制改革に関する党中央の決定』が指標として公布され、中国の教育体制改革はここに幕を開け、その後も深化して教育事業の発展を大いに促進した。

●国家教育体制の試験的改革が全面的に始動

　国家教育体制の試験的改革プロジェクトは、国家教育体制改革弁公室により全国範囲で実施された。国務院弁公庁は2010年『国家教育体制の試験的改革の展開に関する通知』（国弁発〔2010〕48号、以下『通知』）を配布、改革目標が明確で政策措置が具体的な一群の教育改革プロジェクトが完成し、主管部門へ報告・登録され、国家教育体制の試験的改革が全面的に始動したことを示した。この試みは、各級各種教育の重点分野と重要ポイントをカバーし、東部・中部・西部の教育配置を考慮して立案されている。『通知』は特別項目の改革・重点分野総合改革・省級政府教育総合計画改革の3局面から、体制システムの確立と整備を確定させ、就学前教育発展を加速させ、義務教育のバランスよい発展を推進し、さまざまなルートで学校選択問題など試験的改革の十大任務を解決する、としている。

　『通知』は、各地域・各部門に対して国家教育体制の試験的改革の業務を特に重視し、かつこの業務の順調な推進を確実に保証するよう要求している。広報活動による指導を強化し、実践での良好な体験・方法・成果に対して、直ちに総括し、組織的に交流し、普及に力を注ぎ、教育体制の改革を引き続き深めていかなければならない。

教育体制改革深化の過程

1985年

『教育体制改革に関する党中央の決定』

1993年

『中国の教育改革・発展綱要』

1998年

『21世紀に向けた教育振興行動計画』

2004年

『2003〜2007年教育振興行動計画』

2010年

『国家中長期教育改革・発展計画綱要』
（2010〜2020年）

図解　現代中国の軌跡　中国教育

4.2　基礎教育管理体制

●指導理念

　相当長い段階において、中国の国力がまだ強大ではなかったことにより学校教育に必要な経費の不足は深刻だった。そのため、20世紀末、青壮年非識字一掃および9年間の義務教育普及という目標の実現は、基本的に「人民の教育は人民が行う」という考え方に頼っていた。21世紀に入り、中国の経済的発展と農村税費改革推進に伴い、義務教育は漸く「人民の教育は政府が行う」という方向へ徐々に転換しつつあり、各ランクの行政府は真剣に義務教育の実施という重大な責任を担うようになったのである。

●義務教育経費保障の新システム

　2000年3月の農村税費改革推進により、農村の教育費付加と寄付金が取り消され、多元化されていた義務教育経費調達体制に根本から手をつけた。

　2005年、国務院は『農村義務教育経費保障システム改革を深化させる通知』を公布し、農村の義務教育費保障システムに対して、明確な規定と大幅な調整を行った。「各行政ランクの責任明確化、中央と地方の共同負担、財政投入の拡大、保障レベルの向上、段階的な組織的実施」の基本原則に照らして、徐々に農村の義務教育を公共税制保障範囲内へ組み入れ、中央と地方が項目を分け比例配分する農村義務教育経費保障システムを確立した。中央は中・西部地区を重点的に支援し、同様に配慮が必要な一部の東部困難地域も支援している。

　2006年、『中華人民共和国義務教育法（改訂）』を発布し、「義務教育を実施し、その授業料・雑費を受け取らない」と規定し、国家は義務教育経費保障システムを確立して、義務教育制度の実施を保証した。このことは、中国政府による義務教育の無償化がすでに国家意思になり、中国の義務教育が「人民の教育は人民が行う」から「義務教育は政府が行う」へ歴史的に大きく転換したことを示している。

基礎教育管理体制の変革過程

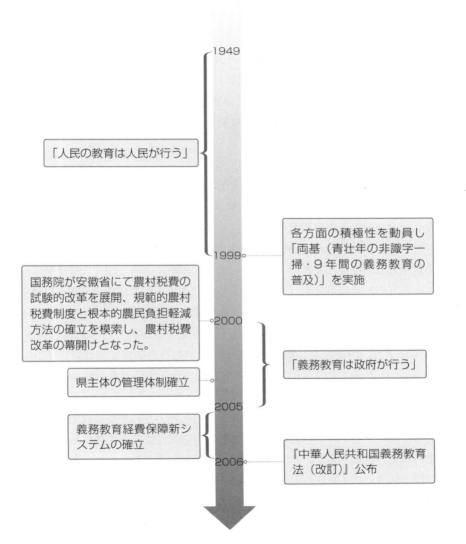

第4章 教育体制の改革

45

図解　現代中国の軌跡　中国教育

4.3　高等教育管理体制

●関係部門による学校運営体制の改革

　高等教育は、関係部門が学校を運営して政府が保証するという管理体制に対する改革を行った。「共同・調整・協力・合併」を主とした高等教育体制改革を通じて、中央政府指導の下、1998年の国務院機構改革を契機に教育部・財政部・国家計画委員会などの関係部門は、各地域の協力を得て、国務院の各部門（単位）に所属する大学に対し集中的に3回の大改革を行った。そのため当該普通大学は367校から111校に減少し（2007年前後に再調整）、かつ大部分が教育部の直接管理となり、大学が国家・地域の経済社会発展に対し、より貢献できるようになった。部門による学校運営、「縦割り・横割り」の学校運営体制は、ある程度改善をみた。

●大学体制改革

　改革開放後30年、中国の大学体制改革は大きく進歩し、それは主に、政府の財政負担を軽減する収入制度〔別収入により利益を上げ経済条件の改善を図る〕改革と大学教員の人事制度改革に現れている。前者は、教育費用、後勤の社会化〔大学への後方支援の市場経済化〕、学生街作り、後者は、教師招聘制度、業績による賃金分配制度などである。ただし、長年の習慣により中国の大学体制には依然として「内外三権不分割（外部の設立権・管理権・監督権の不分割、内部の決定権・行政権・学術権の不分割）」という高度集権体制にまつわる多くの問題が存在しており、大学の脱行政化改革は差し迫ったものとなっている。

　2010年7月、国務院が公布した『国家中長期教育改革発展計画綱要（2010〜2020年）』中の「体制改革」では、「中国独自の現代大学制度の整備」を改革の重点としている。

　世界の大学の成功例を見てわかるのは、政府と社会がいかなる資源と制度環境を大学に提供するか、また大学が自力で制度・資源を作り出す条件や能力をどの程度持っているかで大学のその後の発展が決まり、両者のバランスが崩れれば大学制度の整備に必ず影響が出るということである。そのため、政府と大学の関係を適切に処理し、大学の独立法人としての立場と、運営自主権をめぐる問題を核にした現代大学制度の確立こそが高等教育体制改革の当面の急務なのである。

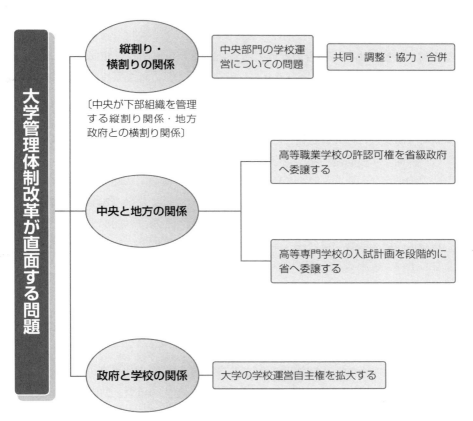

第4章 教育体制の改革

図解　現代中国の軌跡　中国教育

4.4　職業教育管理体制

●指導理念

　中国の職業教育の根本的役割は、現代化にふさわしい高度な技能を持つ専門的な人材、資質の高い労働者の育成である。2005 年『職業教育発展強化に関する国務院の決定』では、「支援を旨とし、就業へ導く」方針を堅持し、職業教育について計画的育成から市場主導へ、政府の直接管理からマクロ的指導へ、従来型の進路指導から就業指導への転換を推進することが提起された。

●新時代職業教育の発展過程

　(1) 停滞からの回復：職業教育の基礎的な形成（1978 ～ 1985 年）

　(2) 調整中での発展：職業教育基本体制の枠組み確立（1985 ～ 2000 年）

　(3) 刷新中での飛躍：職業教育の迅速で良好な発展を推進（2000 ～ 2005 年）

　(4) 歴史的な新起点：職業教育の持続可能な発展を推進（2006 年～　　）

　新時代の国家職業教育公共管理政策の下、国は「技能型人材育成プロジェクト」を立ち上げ、実施に入った。内容は以下の 6 点である。

　(1) 1 つの特色ある道：教育方針「支援を旨とし、就業へ導く」という学校指導方針を堅持し、実践の中で中国独自の職業教育発展の道を探求する。

　(2) 2 つの重点的強化：道徳教育と技能育成を強化し、学生のバランスのよい成長を促進する。

　(3) 3 つの制度建設：入試管理制度・学生資金援助制度・本格見習い実習制度〔実際の職場で一般職員同様に働く制度。1 年間・有給〕の確立と整備。

　(4) 4 つのプロジェクト推進：職業教育「4 大プロジェクト」[注1] を実施。支援を旨とし、資質の高い労働者と高度技能を持つ専門的な人材を育成。

　(5) 5 つの計画援助：「職業教育実習訓練基地建設計画」・「県級職業教育センター特定建設計画」・「国家モデル中等職業学校建設計画」・「国家モデル職業技術学院建設計画」・「職業大学教員資質向上計画」を実施、職業大学の基礎能力を強化。

　(6) 6 つのシステム整備：学校運営主体の多元化・学校運営モデルの集団化・学生の"双証化"〔学歴証明と職業資格証明〕・教員資格"双師型"〔教員以外の資格も持つ〕・注文式養成モデル[注2]・教育課程モジュール化[注3] など 6 つのシステムの整備し、改革を深化させ、職業教育の特色をきわ立たせ活力を増強する。

```
                    ┌─────────────────────┐   ┌────────────────────────────────────┐
                    │  計画的育成から       │   │ 社会、市場に目を向けた職業学校の運営を │
                    │  市場先導への改変     │───│ 推進していく。                        │
                    └─────────────────────┘   └────────────────────────────────────┘
```

職業教育の３つの改変

計画的育成から
市場先導への改変

社会、市場に目を向けた職業学校の運営を推進していく。

政府の直接管理から
マクロ的指導への改変

職業教育のマクロ的管理体制改革を推進し、政府の職業教育管理機能分業の合理化に努める。

構造調整を強化し、中等職業教育を重点として大いに職業教育を発展させ、教育の調和的発展を促進する。

政府主導を堅持し、各産業組織の役割を十分発揮させる。

職業教育の学校運営体制改革を加速化させ、学校運営主体の多元化を促進する。

伝統的な進路指導から
就業指導への改変

学校運営の方向性において、就業へ導く

育成モデルにおいて、就業へ導く

学校運営の構造において、就業へ導く

第４章　教育体制の改革

図解　現代中国の軌跡　中国教育

4.5　民営教育管理体制

●指導理念

2002 年、全人代は 1997 年の『民間活力による学校運営に関する条例』に代わって『中華人民共和国民営教育促進法』およびその実施細則を公布し、「積極的奨励、強力な支持、正しい指導、法に基づいた管理」が、新しく改訂された民間教育発展の方針となった。

●民営教育の発展

改革開放以来、中国の民営教育は 0 からの始まりであった。1992 年、中国四川省に改革開放後初の正規の民営学校が誕生し、中国の教育体制が民間パワーに開放され、多様化の時代に突入したことを示した。

法律規範と政策的指導の下、中国の民営教育は持続的発展を遂げ、統計によると、2006 年には全国で各級各種民営学校（教育機関）は合計 9 万 3200 か所（民間の養成機関 2 万 3500 か所を除く）、学歴取得教育〔卒業時に卒業証書が発行される学校教育で、修了書のみの研修などと区別される〕を受ける学生は 2323 万 200 人に達した。

詳しくは、民営幼稚園 7 万 5426 か所・在園児 775 万 6900 人、普通小学校 6161 校・在学生 412 万 900 人、普通中学校 4550 校・在学生 394 万 600 人、職業中学校 11 校・在学生 3362 人、普通高校 3246 校・在校生 247 万 7200 人、中等職業学校 2559 校・在学生 202 万 6300 人である。またほかに、民営大学 278 校・在学生 133 万 7900 人、独立学院〔高等教育機関と社会組織や個人が連携して本科レベル以上の教育を行う教育機関〕318 校・在学生 146 万 7000 人、非学歴教育〔学歴取得のない各種研修・訓練など〕を受けた学生 26 万 7300 人、民営養成機関 2 万 3470 か所で研修を受けた人延べ 876 万 8400 人となっている。

民営教育の分野全体における高等教育の発展は、近年の大学運営体制改革の重点ポイントになっている。民営高等教育はゼロからの出発だったが徐々に強化されつつあり、すでに中国高等教育体制の中で重要な力となっている。

50

表1 2003〜2008年 義務教育段階の民営学校規模

	年	2003	2004	2005	2006	2007	2008
小学校	学校数（校）	5676	6047	6242	6161	5798	5760
	在学生（万人）	274.93	328.32	388.94	412.09	448.79	480.4
中学校	学校数（校）	3651	4216	4588	4550	4482	4408
	在校生（万人）	256.57	315.68	372.42	394.06	412.55	428.4

表2 2003〜2008年 義務教育段階の民営学校が占める割合

（単位：%）

	年	2003	2004	2005	2006	2007	2008
小学校	学校数（校）	1.3	1.5	1.7	1.8	1.8	1.9
	在学生（万人）	2.3	2.9	3.6	3.8	4.3	4.7
中学校	学校数（校）	5.6	6.6	7.3	7.4	7.6	7.6
	在校生（万人）	3.8	4.8	6.0	6.6	7.2	7.7

資料出所：中華人民共和国教育部教育事業統計公報。

図解　現代中国の軌跡　中国教育

4.6　教員資格許可制度

●指導理念

1995年12月12日に国務院が公布した『教員資格条例』の中には「中国公民が各級各種学校およびその他の級育機関で教育業務に専門的に従事するには、法に基づき教員資格を取得しなければならない」と規定されており、国務院教育行政部門が全国の教員資格についての業務を主管している。

●教員資格証

教員資格許可制度とは教員資格証のことであり、教育事業に従事する教員の許可証である。中国の師範大学系卒業生は学期ごとの期末考査で学校が設けた教育学と教育心理学課程の試験に合格し、かつ全省統一の標準語試験で成績が2級乙（中国語専攻は2級甲）以上であれば、卒業時に教員資格証を手に入れることができる。師範大学以外、またその他の社会人は、検定試験など一連のテストを受ける必要があり、しかる後教員資格証の申請ができる。

現在、教員資格は幼稚園・小学校・中学校・高校・中等職業学校・中等職業学校実習指導・大学の7種類に分けられている。

教員資格試験の基準

試験方法	試験項目	試験目標	試験基準
面接	服装態度、言語表現	服装態度、口頭による表現能力	態度が落ち着いている。行動がおおらかである。挙措が上品である。弁舌が明瞭である。表現が流暢である。筋が通っている。
	教育観、実際問題解決能力	学生観・教育的価値観・職業的道徳観、突発事件および一般事象処理能力	正しい学生観、先進的な教育価値観、良好な職業道徳観。教育に情熱を持っている。申請した教学段階の仕事に従事すること対し十分な心の準備と正しい認識と持っている。突発事件および一般事象に対し機敏かつ合理的に処理できる。
研究授業	授業計画、授業能力、授業に関する基本的教養・考え方	教材の分析および授業目標・内容範囲	教材の分析が全面的かつ詳細である。授業目標が完全（知識・能力・知識以外の教養）・適度・明確・具体的である。授業内容が正しく、容量・深さ・幅広さが適当、理解の難しい点・重要点の見定めが的確で、その解決方法が適切である。
		授業方法・手段および指導案	授業の組立が有効性に富み、学生の自主的・開放的・探求的・創造的・段階的学習を重視している。授業の手法・教具を効果的に利用する。授業の組立が合理的で、授業過程に秩序がある。
		授業における基本的教養	言葉が正確で、生気があり無駄がない。板書の配置がわかりやすく整然としている。教え方が親切で、ぎこちなさがなく、態度が真面目である。
		授業に対する考え方	授業が民主的で、教員と生徒間のインターラクティブな交流に留意している。学生を主体として位置付け、学生を積極的・自発的に学習活動に参加させることができる。すべての学生に向かい合うことができる。学生の持続可能な発達能力と創造的精神の育成を重視する。すべての授業活動で先進的理念が総合的に実現されている。

第4章　教育体制の改革

53

図解　現代中国の軌跡　中国教育

第1編　訳注

第1章
注1　中国の現代化建設を導く新理念。人間本位で全面的かつ調和のとれた持続可能な発展を求める。
注2　9年間の義務教育の「基本的実施」と、青壮年の非識字者の「基本的一掃」の「両基（2つの基本政策）」を指す。
注3　それぞれの子どもの個性や人間性を大切に育てる教育。

第2章
注1　政府教育部門の許可の下、政府の負担減少・教育発展促進のため、民間活力を結集し学校創設・運営をする教育推進方式。
注2　成人独学者のための高等教育機関資格試験。性別・年齢・職業・民族・教育程度を問わず受験可能な試験制度。
注3　「離休」は、1949年以前に革命に参加した幹部や一定の行政級以上の高級幹部の定年退職で、「退休（普通の定年退職）」よりも待遇が格段によい。
注4　中国共産党中央政治局と中央政治局常務委員会の事務処理を行う機構。
注5　2011年で選抜を終了。
注6　共同イノベーションセンターは、科学技術の最先端を目指す「科学最先端型」、国のソフトパワーの向上を目指す社会科学系の「文化伝承型」、新興的戦略産業の促進および旧重工業基地の再建を目指す「産業型」および地域活性化を目指す「地域発展型」の4つに分類される。

第3章
注1　割当分配は卒業後出身地に戻って就職することで、推薦就職は雇用側の協力と学校推薦により就職すること。
注2　2つの異なった学校システムを持つ学制。1つは支配階級、もう1つは一般庶民向けである。教育目的・教育目標・教育内容および入学資格が異なり、併存や関連はまったくない。
注3　1つの国において単一の学校システムを持つ学制。初等教育・中等教育・高等教育という段階に分けられており、学生は主に年齢により各段階相応の教育を受けることができる。教育の機会均等が保証される。
注4　初等・中等教育段階のある段階までは単一の学校システムだが、その後中等あるいは高等教育段階から何種類かの学校システムに分かれ、続けて教育を受けられる体制。

第4章
注1　技能型人材育成・農村労働力活用養成・農村実用人材養成・都市労働者成人教育と再就職養成の4プロジェクトのこと。
注2　人材のオーダーメイド。養成機関、雇用先が労働保障部門を通して必要人数や必要技能など情報を共有し計画的に養成する。就職の際は雇用先と条件など話し合い1年以上の契約をする。
注3　教育課程合理化のため、基礎を広げて専門教育内容をモジュール化し、カリキュラムに弾力性を持たせた。

第2編
教育の歴史

- 第5章　中華人民共和国成立初期の教育
  （1949 ～ 1952）

- 第6章　「全面的にソ連の教育経験に学ぶ」時期の教育
  （1952 ～ 1958）

- 第7章　社会主義路線を自ら模索する時期の教育
  （1958 ～ 1976）

- 第8章　「混乱を鎮め正常化する」時期の改革
  （1978 ～ 1982）

- 第9章　中国独自の社会主義教育模索の道
  （1982 ～ 1992）

- 第10章　中国独自の社会主義教育体制確立の深化
  （1992 ～ 2002）

図解　現代中国の軌跡　中国教育

5.1　第1回全国教育工作会議の招集

　1949年10月19日、中央人民政府委員会は馬叙倫を教育部部長に、銭俊瑞・韋愨を副部長に任命し、旧教育の改造・新教育の創建・各級各種教育事業の管理を直接指導する最高行政機関として、中央人民政府教育部を設立した。

　教育部設立後、12月23日から31日にわたり、第1回全国教育工作会議が招集された。会議で決定した教育活動総方針と旧教育の改造、新教育の創建という政策措置は、『中国人民政治協商会議共同綱領』〔第1期政治協商会議第1回全体会議で、臨時憲法として採択された〕における文化教育政策の具体化に止まらず、これをさらに創造的に発展させた。会議では、その後の相当期間、教育の発展は普及第一にするべきであり、新旧解放区の教育は目的・対象別の指導、着実な前進が必要だとの方針を提起し、新教育の確立は「旧解放区[注1]での経験を基礎とする」、「旧教育の有用な経験を吸収する」、「特にソ連の教育建設における先進的経験を参考にする」の3つの指導原則に従うべきだということを明確にした。

　総括としては「教育は労働者と農民に奉仕し、生産や建設に奉仕する」という方向性が強調され、基本的に新中国成立初期の政治経済態勢のニーズに適応したものであり、これにより教育が正しい方向に向かって大いに発展していくことが保証された。

56

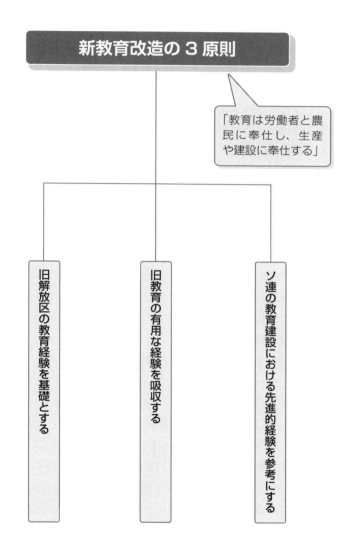

図解　現代中国の軌跡　中国教育

5.2　旧学校の接収と管理

　新中国成立前の学校は、公立と私立のほぼ 2 種類、また私立学校は外資、あるいは個人による創設の 2 つに分けられ、当時は「旧学校」と呼ばれた。新中国成立初期、「学校は国家が経営管理すべきである」との原則により、公立学校はすべて接収、管理され、私立学校と外資補助を受けている学校も接収され、管理された。

●外資補助を受けている学校の接収

　外資補助を受けている学校はほとんどが各国教会の管轄で、「教会学校」と呼ばれていた。新中国成立に当たり中国人民政府は教会学校に対し人民政府への登録・認可、人民政府の法律法規遵守、宗教活動と学校教育の分離、宗教課程を選択課目にすることを要求した。しかし、一部の教会学校、また学校に勤務する聖職者および外国籍教員がこれらの規定を遵守せず、合わせて経費の財源を断つと脅したため、人民政府の旧教育改造は大きく妨げられた。政府は輔仁大学〔アメリカのカトリック修道会によって創立された大学〕を手始めに、外資系学校の接収を開始し、すべての外資系学校の処理と引継ぎが短時間のうちに進められた。

　1951 年末までに、外資の補助を受けた大学 20 校、中等学校〔中学・高校〕268 校、初等学校〔小学校〕465 校、すべての幼稚園が接収された。

●私立学校の接収、管理

　解放前の各級各種学校の中で私立学校は大きな比重を占め、そのほとんどが都市や町に集中し、農村地区ではまだ多くの私塾が存在していた。このような複雑な状況に対し、人民政府は「積極維持・逐次改良・重点補助」の 12 文字の方針を定め、私立学校に対して政策による保護と経済的援助を行った。

　1949 ～ 1951 年の間、国家は基本的に私立学校の発展を維持したが、土地改良改革の完成と資本主義商・工・農業と個人経営の手工業に対する社会主義改造が展開されるのに伴い、私立学校の存在基盤がなくなり、教育部は 1952 年下半期から 1954 年までに全国すべての私立小・中・高校を政府が引き継ぐことを決定した。

　1956 年、全国 1467 校の私立中学校〔中学・高校〕と 8925 校の私立小学校がすべて政府に引き継がれ公立学校となった。ここにおいて、中国教育史上数千年続いた私学制度はしばし途切れ、国家による単一教育体制が形成されたのである。

58

中
央
政
府
に
よ
る
教
会
学
校
接
収
の
基
本
原
則

1つの独立した民主国家において、外国人による学校運営は許可しない。これは世界の普遍的な法則である

外国人が中国で運営する教会学校は、国家の方針と法令の条件下において暫時運営の継続が認められるが、中央人民政府は必要により命令を発し運営権を取り戻す権利を有する

宗教と学校教育は明確に区別するべきであり、学校の教室で宗教の課目を講義してはならない

教会によって設立された大学は、学生に宗教課目を選択するよう強制したり、利益で誘ったりしてはならない

中央人民政府が公布した教育関係の法令は、全国の私立学校が遵守すべきである

第5章 中華人民共和国成立初期の教育（1949～1952）

図解　現代中国の軌跡　中国教育

5.3　工農大衆に教育の門戸を開放

●指導理念

　第1回全国教育工作会議は、中国の教育は工農〔労働者と農民〕に奉仕しなければならず、工農の協力を強化し、その建設・創造の力を増強するために文化科学と政治から工農のレベルを絶えず向上させなければならないと提起した。

　1950年9月、第1回全国工農教育会議が招集され、「我々は特に工農大衆の文化教育・政治教育・技術教育に重点を置くべきである」、「工農出身の新しい知識分子を多く養成するべきである」ことが強調された。また、工農教育の強化は、「人民民主独裁注2の強化と発展、強大な国防と強大な経済力の構築のための必須条件」であり、「工農文化教育の普及と向上がなければ、文化の建設の高まりはない」との認識で一致した。

●工農速成中学

　工農速成中学は教育の門戸開放にとって重要な措置となった。中国初めての実験工農速成中学は1950年4月、教育部と北京文化局により共同で創立され、工農幹部・模範労働者・優秀労働者および工農青年を中心に中等程度の文化科学基礎教育を授け、卒業後は大学に進学してより深く研究を続けることを可能にした。1954年まで、このような学校は全国に87校、配属された教員・幹部は3700人余、募集人数は6万4700人となった。1958年工農速成中学は在学生がすべて卒業し、その役目を終えた。

　工農大衆が広く教育を受けるため、国家は相次いで工農業余〔勤務時間外〕教育を展開、工農幹部の文化補習学校と工農速成中学、各級各種学校は工農およびその子女に門戸を開き、中国人民大学を始めとする新たな大学創設など一連の重要措置を採り、これらの学校の生徒には明確な変化が現れた。

　統計によると、1952年、全国の小学生のうち、工農階級の人数は全体の80％を占めていたが、1953年、全国の普通中高生のうち工農子女およびその他の労働者の子女が占める割合は全体の71％、工農家庭出身あるいは本人が工農階級である大学新入生は、すでに新入生全体の27.39％になっていた。教育は、工農大衆に門戸を開き、旧学校の特性や機能はすっかり変化したのである。

各種教育が「工農大衆に向けて門戸を開く」

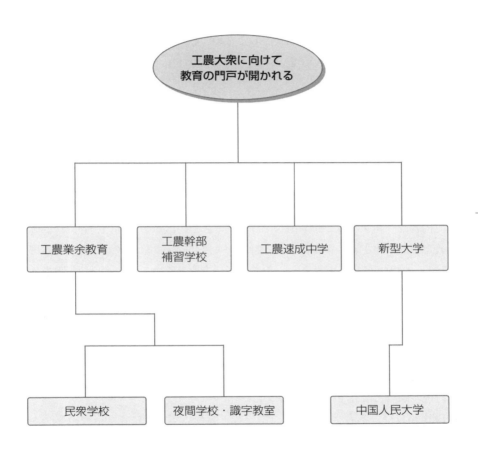

図解　現代中国の軌跡　中国教育

5.4　学制・課程・教材の改革

●新学制の登場

　新中国成立初期、従来の教育事業を保護するため、人民政府は暫時従来の学制を踏襲した。しかし人民の教育事業の回復と発展に伴い、従来の学制では新しい情勢に適応できないという問題が生じたため、教育部は多方面にわたる準備と検討を経て『学制改革についての決定』草案を提出し、1951 年 10 月 1 日をもって公布、実施した。

　政務院［国務院の旧称］の新学制公布と同時に、教育部はさらに各級各種学校の規定、または暫定的な規則を制定・公布し、各種類の学校に対し教育理念・目標・任務・原則・内容・方法および学校の行政管理などについて相応の規定を設けた。これで、中華人民共和国は完璧な学校教育制度体制を構築したのである。

●課程教材改革の方向

　新中国成立後、教育部の一元的指導と措置により、従来の学校課程・教材に対して内容を一新する改革が全国的に行われた。この改革の方向は、弁証法的唯物主義と史的唯物主義の指導により、封建的・買弁的・ファシズム的思想の宣揚を一掃し、煩瑣・陳腐・雑然とした要素と構造を取り除いて、教育目標実現を前提にカリキュラム改革を行うことであった。

　カリキュラム改革においては、カリキュラムの設置が児童・青少年の心身の発達段階に合致しているだけでなく、現代科学技術のレベルにも合致していなければならず、また、事実から出発して先進国、特にソ連の教育経験を参考にし、中国の伝統的教育も十分考慮して、各級各種学校の新カリキュラムとそれに合った教科書の編纂と改訂を行うよう求めた。

　1951 年以降、各大学と中学校［中学校・高校］すべてに教学研究指導グループ（略称、教研組）を立ち上げた。その任務は教員を組織して積極的に授業研究活動を展開することである。教研組の立ち上げは、教学の改善、教学の質的向上に対して重要な役割を果たした。

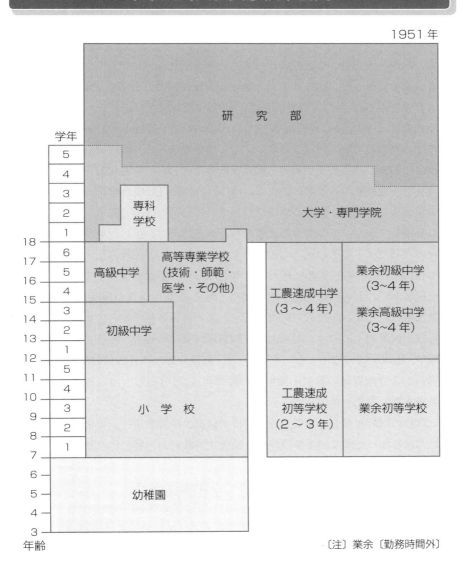

図解　現代中国の軌跡　中国教育

5.5　少数民族教育の強力なサポート

●指導理念

　中国の広大な国土には 56 の民族が生活しているが、歴史的原因のため、新中国成立初期、大部分の少数民族に対する教育事情は非常に後れており、文字が読めない者も多かった。1951 年 9 月、第 1 回全国民族教育会議で「まず一般政治幹部の育成を中心に、さらに緊急に必要な専門・技術幹部を育成する」方針が確定し、民族教育は「その民族の様式を採用し、民族の特性を配慮して、各民族の実際状況に即したものでなければならない」との原則が強調された。そして、少数民族の小学校教育、成人の業余教育〔勤務時間外での教育〕を強化し、文化水準を向上させ、少数民族の各段階の学校における教員の資質問題の解決に力を注いだ。

　少数民族の学校は、民族と地域に合った学校運営方法で、民族文化の伝統を継承し発揚して、バイリンガルの授業を行うべきであり、少数民族学校、特に基礎教育の段階では主にその民族の言語によって授業をし、民族言語習得の一方で漢語も習得する。少数民族の一般政治幹部育成という方針を実行するため、国家は中央民族学院など 8 校の民族学院を次々と創立、初めて正規の民族大学によって、少数民族のハイレベルな人材を育成した。また各級各種学校の少数民族教員の早期育成、資質向上に向け、師範大学と教員研修機関の建設、民族言語による教材の編集・出版を特に強化した。その小・中・高校における各教科の学習指導要領・教科書および指導書の翻訳・編集・出版業務は、「分担しつつ、互いにその不足を融通する」方法を採用した。

　これらの措置を通じて少数民族教育は未曾有の発展を遂げ、今まで学校教育を受けられなかった多くの少数民族が、社会主義教育の世界に足を踏み出した。

●中央民族大学

　中央民族大学は国家民族事務委員会[注3]直属の総合的重点大学で、中国民族高等教育の最高学府である。また、国家「211 プロジェクト」・「985 プロジェクト」〔本書 2.6・2.7 節参照〕の重点民族大学でもある。前身は 1951 年 6 月創立の中央民族学院で、初代院長はウランフ、1993 年 1 月に中央民族大学と改められた。

　建学以来、同大学は国家のため 8 万人以上の各民族の卒業生を送り出し、中には著名な専門学者が 1000 名近く、少数民族幹部が数万人おり、少数民族の傑出した人材を育成し、また民族団結の模範となった。

少数民族教育への強力な援助

各民族の共同発展

- 8校の民族学院を設立し、少数民族のハイレベルな人材を育成する
- バイリンガルの授業・民族言語による教材の編集・審査・出版をする
- 各民族の実際状況と良好に結びつく
- 各民族の特性を配慮する
- 各民族の方式を採用しなければならない

第5章│中華人民共和国成立初期の教育（1949〜1952）

図解　現代中国の軌跡　中国教育

5.6　知識分子の思想改造

　新中国成立後、党と政府は知識分子の獲得と結束を非常に重視し、教育分野において多くの知識分子と教員に対し、思想教育と思想改造を強化した。それによって多くの教員が世界観を転換し、根本的な是非を明確にし、政治思想の自覚を高め、人民に奉仕する思想を確立し、学校の教育教学改革のために思想的な準備を整えたのである。1951年10月、毛沢東は第1期全国人民政治協商会議第3回会議で、「思想改造とは、第1にはあらゆる知識分子の思想改造であり、我が国が各方面において民主改革を徹底的に実現し、工業化を逐次実行するための重要条件の1つである」と指摘した。

●知識分子の改造

　1951年9月、北京大学の馬叙倫学長ら12名の著名な教員が北京大学教員学習運動を起こしたのを発端として、中国共産党中央委員会が11月30日に公布した『学校における思想改造の進行と組織整備工作についての指示』の下、全国の多くの教員は思想改造学習運動を開始した。

　この思想改造運動は、まず教育界から始まり、次第に知識界全体に拡大して、全国レベルの知識分子思想改造運動となった。1952年秋、教員の思想改造運動は基本的に終了し、91％の大学教員と75％の中等学校［中学・高校］の教員がこの運動に参加した。

　この運動を通じ、教員集団において政治上・思想上の集中的整頓が行われ、多くの教員の人民に奉仕する思想を強化し、教員の進む方向を明確化にし、人民に寄り添う教員集団の建設に向け堅牢な基礎が固められた。しかし、一部地域における知識分子の思想改造には、動員不足が生じており、運動の後期にはいい加減で乱暴なやり方が見られ、思想認識の問題と政治的立場の問題が混同された。また、政治批判で学術問題を解決する運動が多く発生し、功を焦ったため、一部の知識分子の感情や積極性が削がれ、悪影響が生じた。

```
                  ┌─────────────────────────────┐
                  │  マルクス・レーニン主義、         │
                  │  政策方針、国内外の時事について   │
                  │  学習活動を行う                 │
                  └─────────────────────────────┘

思
想                ┌─────────────────────┐
改                │  時間を調整して          │
造                │  政治運動に参加する       │
の                └─────────────────────┘
３
つ                                  ┌──────────────────────────────┐
の                                  │ 映画『武訓伝』注4 に対する批判         │
手                                  └──────────────────────────────┘
段        ┌─────────────┐
          │  学術思想の     │          ┌──────────────────────────────┐
          │  検討と批判を    │          │ 兪平伯注5 『紅楼夢研究』に対する       │
          │  結合させる     │          │ 批判                            │
          └─────────────┘          └──────────────────────────────┘

    ┌──────────────────────┐      ┌──────────────────────────────┐
    │ 重要任務：マルクス主義・      │      │ 胡適注6 の唯心主義思想に対する       │
    │ 唯物主義の宣揚を強化し、      │      │ 批判                            │
    │ 唯心主義に反対する          │      └──────────────────────────────┘
    └──────────────────────┘
```

第5章　中華人民共和国成立初期の教育（1949〜1952）

図解　現代中国の軌跡　中国教育

6.1　ソ連モデルの中国教育改革

●歴史的つながり

　中国の教育発展とソ連の教育とは、歴史的に深いつながりがある。早くも民主革命期〔五四運動から新中国成立まで〕に、中央ソビエト区〔民主革命初期の中国共産党革命根拠地。主に江西省南部、福建省西部、広東省北部、浙江省東部〕で教育方針政策が制定されたとき、ソビエト教育思想とソ連の一部学校制度が導入され、参考にされた。新中国成立直前には、東北解放区で率先してソ連の教育経験に学ぶ活動が展開され、1945 年 9 月、東北解放区第 4 回教育会議でソ連の教育に学ぶことを活動方針に組み入れることが提起された。その後、東北解放区では各級人民政府の指導と組織の下、ソ連の教育から教育システムを学ぶ活動が積極的に展開され、さまざまなルートを通じて全国各地に広がり、ソ連の教育経験に対する全国的な学習に大きな影響を与えた。その他、新中国の「対ソ一辺倒」という外交政策も、このことに大きく影響した。

●「ソ連をモデルにする」

　1952 年から、全国的にソ連の教育に学ぶという風潮が盛り上がった。ソ連の教育論や教材が大量に翻訳・出版されて、その教育経験が紹介され、ソ連を手本にしたモデル校が建てられ、ソ連人専門家を中国に招き、留学生をソ連へ派遣し、高等教育分野ではロシア語学習運動を広げるなど、一連の措置が全面的に展開された。

全面的にソ連の教育経験を学ぶための主要措置

**ソ連を
モデルとする**

教育部は高等教育分野において中国人民大学とハルビン工業大学の2つのモデル大学を作ってソ連の大学運営方法を吸収・普及させる手本とし、中国従来の大学教育・大学管理業務を改造した。

教育部は、ソ連人教育専門家を多く中国に招き、教育建設に力を借りた。

教育部はソ連の教育論を翻訳・出版することで、中ソ両国間における教育界の学術交流を展開し、ソ連の教育理論を積極的に導入し、普及に努めた。

さらにソ連教育を学ぶため、大量の留学生をソ連に派遣し、併せてソ連への留学制度を確立し、ソ連への留学予備校を設立した。

第6章 「全面的にソ連の教育経験に学ぶ」時期の教育（1952～1958）

図解　現代中国の軌跡　中国教育

6.2　高等教育分野における2大モデル大学の設立

●中国人民大学

　中国人民大学は、1950年2月党中央が創設した初めての新型社会主義大学である。陝北公学〔抗日戦争時に党が創設した学校〕・華北連合大学・北方大学・華北大学を基礎に作られ、旧解放区教育の良き伝統と風格を持っていた。ソ連人専門家の助力と指導の下、ソ連の大学様式をモデルに、同大学は大学内部の管理機構と各種規則・制度を確立し、学科を設置し、カリキュラム・教育指導要領を定めた。また、ソ連人教育専門家によって、教員・大学院生を養成し、教員を指導して教材・講義プリントの翻訳・編集が行われ、科学研究を展開し、研究室を組織し、模範授業も実施された。ほかに、ゼミナールや教育実習などの授業方法の普及も図られた。

●ハルビン工業大学

　ハルビン工業大学は、ソ連人専門家の指導の下、ソ連様式をモデルとしてソ連の教育経験を全面的に受け入れた多学科型の工業大学である。1951年4月29日、教育部は劉少奇国家副主席の指示した精神に従い、『ハルビン工業大学改善計画』（略称、『計画』）を打ち出した。『計画』で提起されたのは、ハルビン工業大学はソ連の工業大学の方式に倣って重工業部門のエンジニアと国内大学の理工科教員を養成し、もって多くの学生のソ連留学に代えるべきこと、毎年各大学理工学院の講師・准教授・教授150名を選んでハルビン大学の教育研究班に加え、ソ連人教授による指導で造詣を深め、国内大学の理工科教員の水準を上げることである。

　1951年7月から1956年6月まで、ハルビン工業大学は授業方法および科学技術報告会を5回行い、高等教育部〔1966年教育部と合併〕の委託を受けて全国機械電気専門会議を2回行った。毎回数十校の関連大学が参加し、ハルビン工業大学は全国の大学にとってソ連式教育を学ぶ窓口となったのである。

　中国人民大学とハルビン工業大学の学校運営経験は、教育行政手段および各種大学交流を通して全国の大学へ普及し、この2校が養成した教員は運営経験をそれぞれに持ち帰り、新中国成立初期の大学改革に大きな影響を与えた。

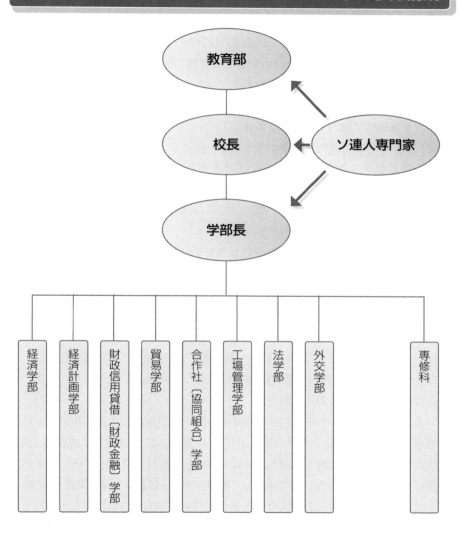

第6章 「全面的にソ連の教育経験に学ぶ」時期の教育（1952〜1958）

図解　現代中国の軌跡　中国教育

6.3　ソ連人専門家の招聘

　第1回全国教育工作会議後、教育部は計画的にソ連人専門家を中国に招聘し始め、1954年末までに、全国の主要総合大学と理・工・医・師範・財経・芸術・体育などの単科大学、および一部の中等工科専業学校がソ連人専門家を招聘した。それらの専門家は、教育科学・自然科学・マルクス主義・人文科学などの分野にわたり、その中では自然科学分野の専門家が多かった。

● 学生を選抜して専門家用通訳を養成

　各大学が招聘する専門家の数が非常に多いことを考慮し、専門家すべてにある程度の実力を持った通訳の配置を保証できるよう、1953年『学生を選抜して専門家用通訳を養成することについての人事部・高等教育部・教育部による指示』（略称、『指示』）が公布された。『指示』では、選抜された学生の養成方法について、次のように明確に規定されている。

　(1) すでにある程度ロシア語の基礎がある学生を選抜して、専門家が招聘されている各大学に配属し、各科の専門知識の訓練と併せてロシア語の通訳・翻訳能力を向上させる。

　(2) 理・農・文・師範などの学科で、すでに実務の基礎があり、ロシア語がある程度以上できる高学年の学生を選抜し、指定された大学にそれぞれ学生を集め、具体的な方法を定めて、特別にロシア語通訳能力を訓練するクラスを開く。

　『指示』には、学生選抜の際の配属方法、選抜の期限、学生の条件、学生の待遇などについて明確に規定された。

　およその統計では、1949年から1960年の間、大学勤務のソ連人専門家が助力し育成した中国の教員・大学院生は計1万4132人、自ら講義した課程は1327、中国人教員の講義を指導した課程は653、作成した教材・講義用プリントは1158種類に上る。彼らはまた、研究室384・実験室807・資料室217・実習工場40の立ち上げを指導した。この事実は、ソ連人専門家が中国の教育に対して提起した意見とその教育活動が、中国の新教育制度確立と発展を大いに先導し、推進したことを証明している。

政治上の経歴が明らかで、
できれば共産党員・
共産主義青年団員が望ましい。

学生を選抜する条件

ロシア語専攻の学生は、2・3年次生から、
基本的な通訳・翻訳が可能な者、あるいは
ロシア語を専攻した経験のある者を選ぶ。
基本的な通訳・翻訳が可能な理・農・文・師範科
などの学生は、3・4年次生から実務能力が
良好なものを選ぶ。

身体健康で、病気がない。

図解　現代中国の軌跡　中国教育

6.4　ソ連の教材の翻訳・出版

●指導理念

　1950年10月中ソ友好協会が北京で成立すると、ソ連人専門家による講演が北京・上海などで行われ、ソ連文化建設の特徴・役割、ソ連国民の教育概況が詳細に紹介された。「全面的・系統的にソ連の教育を学ぶ」というイデオロギー教育の下、中国ではソ連の教育理論に学ぶ風潮が高まり、ソ連の教材が大量に翻訳・出版され、ソ連の教育理論は中国において大々的な普及を見せ始めた。

●ソ連の教材の大量受入

　教育部はソ連の教育論著の翻訳・出版を通して、中ソ両国の教育界の学術交流を展開し、ソ連の教育理論を積極的に導入し普及に努めた。1949年11月の『人民日報』は、于卓節の訳による『ソ連国民の教育制度』と題した文で、1948年ロシア語版カイロフ〔ソ連の教育学者〕主編『教育学』の内容を詳細に紹介した。1950年12月、カイロフ主編の『教育学』の中国語版が正式出版され、総印刷部数は約50万部に達した。続いて、別版のソ連教育学、その他教育史・心理学・児童心理学・学校管理学・学校指導員業務などの中国語版が相次いで出版され、さらに北京師範大学では特別にロシア語翻訳養成クラスやロシア語翻訳グループが開設され、ロシア語の教育関係教材が大量に翻訳された。また各地の出版社も、ソ連の教育著作を大量に翻訳・出版した。

●最新の理論動向を紹介

　より速くソ連の理論動向を紹介するため、1956年1月、ソ連の教育論著を専門的に紹介する雑誌『教育訳報』も創刊され、教育理論に関する当時のソ連教育界のさまざまな観点や主張がすべてすみやかに中国教育界に伝えられた。

●影響

　1957年までに、中国はソ連の各種書籍を計1万2400種類以上翻訳し、1億9100万冊以上印刷・発行した。1951年から1957年に翻訳出版したソ連の教育著作は、人民教育出版社だけで303種類、発行数は126億2749万冊に及んだ。これらの書籍は、当時全国各級の師範学校教育学科の授業に大きな助けとなり、中国高等師範学校の教育学・心理学の教員および教育行政幹部の養成推進にも効果があった。

北京師範大学各学部のソ連の教材翻訳統計表

学部	翻訳教材の種類	教材の種類		参考資料		翻訳状況				備考
		教科書	教育指導要領	参考書	参考資料	翻訳・出版済	翻訳済・未出版	翻訳中	翻訳準備	
学校教育専攻	38	2	6	5	25	4	28	6		出版済は新聞雑誌発表も含む
就学前教育専攻	5			5				5		
中国語文学部	4	1			3		1	3		
ロシア語学部	3	1		2				3		
歴史学部	3		1	2		2		1		
数学部	17	6		11		2	6	8	1	
物理学部	4			4				4		
化学部	3			3			2	1		
生物学部	31	2	5		24	2	29			出版済は専門家の教材とする
地理学部	5			2	3		4	1		
図画制作学部	8		2	6		2	4	2		
音楽学部	1			1				1		
合計	122	12	14	41	55	12	74	35	1	

出所：教務処『学校ソ連教材翻訳状況一覧表』1954 ～ 1964 年　北京師範大学公文書館蔵

図解　現代中国の軌跡　中国教育

6.5　ソ連留学準備制度の確立

●指導理念

　ソ連の先端科学技術と先進的経験を学び、国家建設に必要とされる優秀な人材を計画的に育成するため、1951 年 8 月、中国はソ連に向けて大がかりな留学人員の派遣を開始した。毎年ソ連へ派遣する留学人員は、少なくて 200 人、多いときは 2000 人に達し、1950 年代は合計 7891 人、当時の留学生総数の 91 ％であった。

●ソ連留学準備制度

　出国前の留学人員に対するロシア語の訓練を強化するため、1952 年、中国はソ連留学準備制度を確立させた。北京ロシア語専科学校（1955 年に北京ロシア語学院に改称、後の北京外国語大学）は有名なソ連留学準備校である。高等教育と中等教育におけるロシア語運動の展開に伴い、ロシア語は英語に代わって必修科目になった。そのため大学ではロシア語教員が差し迫って必要となり、その対策として、1955 年から毎年一部の大学教員を選抜してソ連での短期研修を行った。その他、工業部門でも多くの労働者をソ連の生産部門へ派遣して実習を行った。しかし、1960 年中ソ関係の悪化に伴い、ソ連から一方的に契約が破棄されたため、中国国内のソ連人専門家は引き上げ、ソ連に滞在していた中国人留学生も次々と帰国して、ソ連への留学生派遣のほとんどが中断された。

●影響

　確かに認められるのは、1953 年から、第 1 回の留学生・研修教師・実習要員がソ連で学業を修め続々と帰国すると、その大多数は直ちに中国の大学・科学研究・経済部門の中核となり、国家の人材育成のため、科学技術と経済の発展のために大きく貢献をしたことである。

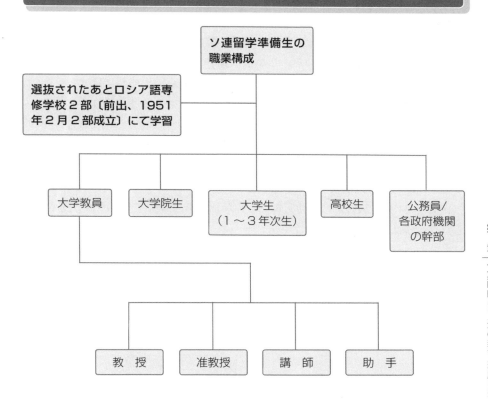

図解　現代中国の軌跡　中国教育

6.6　大学と学部・学科の調整

●指導理念

　新中国成立初期、大学は接収管理・整理・暫定的改造を経て、その様相にはすでに大きな変化が起こっていた。しかし、大学の規模・学部学科の設置・地域分布および養成段階などの面では、依然として古くからの形態がほぼ残っていた。国の経済建設の展開に伴い、これらの問題は高等教育でますます顕在化してきた。このような状況下で、ソ連の高等教育をモデルとした全面的な大学改造は、国の必然的要求となった。1952年から、2段階に分けて大学に対しての大規模な大学と学部・学科の調整が行われた。

●第1段階の大学再編成

　1951年11月、教育部はソ連人専門家の参加の下、全国工学院院長会議を招集した。会議はソ連の工科大学をモデルとして工学院の調整計画を立案し、翌年4月に公布された。これを指標として、1952年から1953年の大学の学部・学科の大規模な調整が行われた。この調整は「工業建設のための人材・教員の育成を重点に、専門の単科大学の発展、総合大学の調整・強化」を指導理念としている。

　1952年下半期、華北・東北・華東の三大行政区に重点を置いて、大学の全面的調整が行われ、統計によると、年末にはすでに全国4分の3の大学が調整された。

　1953年、中南行政区を重点として、引き続き大学調整が行われ、併せて西北・西南行政区でも部分的に学部・学科調整が行われた。1953年末には、大学の第1段階の調整事業が基本的に終了した。

●第2段階の大学再編成

　第1段階の大学再編成がほとんど大行政区で行われたことにより、大学の地域分布の問題は合理的な解決が得られず、1955年から第2段階の大学再編成が行われた。第2段階大学再編成の指導理念は、簡素化・節約という方針を貫き、内陸部の大学を徐々に強化するだけでなく、沿海都市にある既存大学のさまざまな潜在力を十分に発揮させようとするもので、調整にあたっては、現状維持に満足する保守的な考えを克服するだけでなく、むやみに事を急ぐ偏りをも防ぐ必要があった。そうして、第2段階の大学再編成は1957年に終わりを告げた。

第6章 「全面的にソ連の教育経験に学ぶ」時期の教育（1952〜1958）

1950年代大学と学部・学科の調整過程

第1段階（1952.11〜1953.12）

指導理念：工業建設のための人材と教員の育成を重点として、専門の単科大学を発展させ、総合大学の調整と強化を行う。

過程：（1）1952年下半期、華北・東北と華東の三大行政区を重点として大学の全面的再編成が行われた。
（2）1953年中南行政区を重点として、引き続き大学再編成が行われ、併せて西北・西南行政区でも部分的に学部・学科の調整が行われた。

成果：（1）基本的に、国家建設に向けた幹部育成というニーズに対応できない旧大学を、育成目標が明確な新型大学に組織替えした。
（2）既存の学部・学科で重複して設置された、または分散しすぎたものをバランスよくまとめ、条件が著しく不足しているものは廃止・合併し、新しい専門学校を設立して、航空・機械・テレビ・土木・化学工業・地質など比較的整った工科専門の体制を作った。

課題：大学の地域分布の問題について合理的な解決が得られず、大学は依然として沿岸部と大都市に偏って集中している。

第2段階（1955〜1957）

指導理念：簡素化・節約の方針を貫き、内陸部の大学を徐々に強化するだけでなく、沿海都市にある既存大学のさまざまな潜在力を十分に発揮させようとするもので、調整にあたっては、現状維持に満足する保守的な考えを克服するだけでなく、むやみに事を急ぐ偏りをも防ぐ必要があった。

成果：内陸部の学校は1951年の87校から115校まで増加し、同時に大学の規模が拡大し、ある程度実力も強化された。西部地域の高等教育は大きく発展し始め、大学の配置問題はある程度改善された。

課題：中央は、国家統一計画の指導で権力が集中しすぎ、一部地域の既存教育事業の基盤と今後の発展に対し考慮が不足し、一部大学の本来の特性と学科の特徴に配慮せず、長年蓄積した基盤を強行に解体した。法学・商学部が政治上の定義に偏重したことで、財経関係大学は弱体化、政治法律関係学部は過度に縮小化された。また、政府部門が学校運営を行う体制は、結果として専攻区分の過度の細分化を招いた。

図解　現代中国の軌跡　中国教育

7.1　知識分子の問題に関する会議の招集

●会議の趣旨

　1956年1月14日から20日、党中央は、知識分子の問題に関する専門会議を招集した。周恩来は党中央を代表して『知識分子の問題に関する報告』を作成し、社会主義建設事業発展における知識分子の立場と役割を高く評価した。報告では、知識分子の大きな進歩と本格的変化を十分肯定し、「知識分子の大多数はすでに国家要員で、社会主義に奉仕しており、もはや労働者階級の一員である」と認めた。会議終了時、毛沢東主席は会議の代表者を接見して講話を発表し、全党員が科学知識の学習に努め、党外の知識分子と団結して、速やかに世界の先進科学レベルに追いつくため奮闘するよう呼びかけた。

●現代科学への邁進

　1月30日から2月7日、第2期中国人民政治協商会議第2回会議が招集され、周恩来は講話を行い、改めて現代科学技術への邁進をスローガンとして打ち出した。会議後、国務院科学技術企画委員会（聶栄臻国務院副総理が主任を兼任）の積極的準備の下、全国600名以上の科学技術専門家と工学技術者が集められ、4か月以上の検討を経て、『1956～1967年科学技術発展長期計画綱要（草案）』（略称『十二年科学計画』）が制定され、中国科学技術発展の壮大な青写真が描き出された。

●百花斉放・百家争鳴

　5月2日、毛沢東は最高国務会議〔1954年中華人民共和国憲法制定から1975年改正まで国家主席の下に設置され、国の重大事項を協議した〕で、文学芸術と科学研究において、「百花斉放・百家争鳴」が実行されるべきだとの方針を提起した。すなわち、芸術問題は「百花斉放〔多彩な文化・芸術を開花させる〕」、学術問題は「百家争鳴〔多様な意見を論争させる〕」ということである。「双百」方針の提起は、中国歴史上の学術・文化発展の経験を吸収して、我が党が科学文化活動を指導した経験と教訓を総括し、かつ海外の党の経験と教訓を参考にしたもので、中国社会主義の科学文化事業の繁栄と進歩を根本的に保証するものである。

　これらすべては知識分子の積極性を引き出すためのよい準備となった。

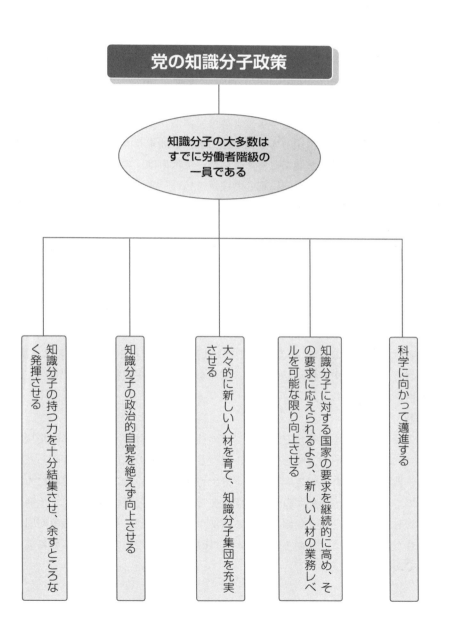

第7章　社会主義路線を自ら模索する時期の教育（1958〜1976）

図解　現代中国の軌跡　中国教育

7.2　社会主義教育方針の提起

●背景

　1956年中国は順調に旧教育に対する改造を完了し、新教育の創建を開始した。一方で、一部の知識分子と若い学生の中に不健全な傾向が現れた。主には、ひたすら実務の研鑽に専念して政治学習を軽視する、勉強のことだけを考えて生産労働に参加しようとしないというような態度である。多くの中等学校[中学・高校]・小学校の卒業生は郷里に戻って農業生産労働に参加するのを嫌がり、生産労働には将来性がなく知識の浪費だと考えていた。毛沢東は、国内外の情勢変化が激しいことから、こういった動向に細心の注意を払い、すぐさま多くの知識分子と若い学生に対しその成長を切実に期待していることを示した。また「我々の教育方針は、教育を受ける者を、徳育・知育・体育すべての方面で成長させ、社会主義の自覚を持った教養ある労働者とするものでなければならない」と提起した。

　1958年9月、「教育大躍進」の風潮が高まる中、党中央と国務院は『教育工作に関する指示』を発し、党の教育活動方針について「教育はプロレタリア階級の政治に奉仕し、教育と生産労働を結びつける」ことであると提起した。

　長期にわたり、中央の正式文書、指導者の講演、および教育理論、現場の教育関係者は、毛沢東の1957年の講話〔中国共産党全国宣伝工作会議における講話〕と『教育工作に関する指示』における記述を総合し、中国社会主義教育の方針として徹底的に実行した。

●影響

　この時期の社会主義教育方針は、当時の社会主義教育の本質的な認識を反映しており、教育の政治的方向を保証し、教育と生産労働の結びつきを強調した。しかし、教育自体のあるべき姿がまだ十分に考慮されていなかった。実際に方針を貫いていくと、政治運動が教育の秩序と衝突したり、授業の代替として生産労働が行われたりというような偏りのある状況が現れ、何回にもわたる論争が引き起こされた。これらは、社会主義教育がより改善されるための経験として蓄積されたのである。

82

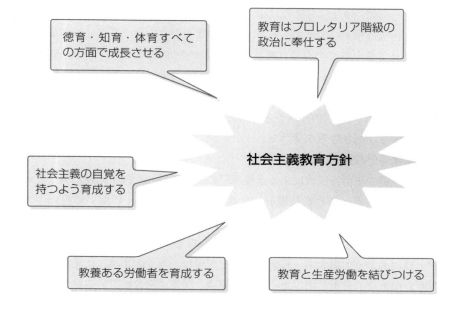

第7章　社会主義路線を自ら模索する時期の教育（1958〜1976）

図解　現代中国の軌跡　中国教育

7.3　「教育大躍進」

●学校による工場経営

「教育大躍進」は、まず「教育と生産労働を結びつける」方針を貫くことから始まった。多くの教員・学生・生徒を動員して農村や工場に赴いて労働に参加させ、教育と訓練のほかに「学校による工場・農場の経営」が盛んに行われた。瞬く間に、各級各種学校のほとんどが工場・農場を持ち、クラスごとに作業場・田畑が作られることさえあって、約半分の時間が生産労働に使われた。20省と直轄市に対するおよその統計によると、1958年10月までに、397大学で合計7240工場が、1万3000校以上の中等専業学校と中等学校〔高校・中学〕で14万4000工場が経営され、2万2100校の学校で合計8万6000個の小型溶鉱炉が作られ、教育の秩序は深刻な打撃を受けた。

●民衆による学校運営の始動

教育大躍進の重点は民衆による学校運営の始動にあり、民衆運動によって多くの学校が開設され、学校数は爆発的に増加した。1958年1年間で新設の中等学校〔高校・中学〕が2万6000校余り、中等専業学校はすでに6000校余りに達した。学生は前年比220％増え、新設大学は800校余りで、至る所に工人〔労働者〕大学・農民大学・労働大学・紅旗大学などが現れ、多くの工場・作業場や農村生産隊がみな大学の看板を掲げた。だが実際は、民衆運営の統計上の数字が誇張されているか、あるいは教員も学生・生徒もおらず授業もない看板だけの状態だった。

●「紅専大論争」

「教育大躍進」は一貫して知識分子と若い学生の思想改造を行い、ひいてはそれが「教育大躍進」の主要路線となって、「紅専大論争」が展開された。政治を専門的実務と対立させて、学習に勤勉で実務に精通するのは「白専路線〔保守的で専門実務に精通する路線〕」とされた。「白旗を抜いて赤旗を立てる〔政治的意識を高める〕」ことが唱えられ、「専だけ紅なしは危険〔専門にだけ力を入れて政治を疎かにするのは危険〕」、「紅だけ専なしは保険〔政治に力を入れて専門をやらないのは安全〕」という荒唐無稽なことが大いに語られて、人々は勉学を避け専門分野を語らないようになった。

84

教育大躍進時代の大衆デモ行進

写真出所：新華社図片社
（写真の上から人民公社万歳、大躍進万歳、総路線万歳）

〔注〕
人民公社：農業集団化を中心に、政治・経済・文化・軍事などすべての機能を持った集団地区組織。1958年以来推進され、1982年の憲法改正により解体された。
大躍進；1958年、毛沢東国家主席によって提起された急進的な社会主義建設の試み。人民公社が農村の実行単位として組織化され、熱狂的な民衆運動として展開されたが、経済均衡の失調や農村の荒廃を招いた。
総路線：毛沢東によって提起された社会主義改造を加速させる路線。社会主義工業化のためには制度の社会主義改造が必要とされ，農業集団化を始めとする公有化、社会主義化が急速に進展された。
「総路線・大躍進・人民公社」は、国内建設の3つの目標、スローガンとして掲げられた。

第7章 社会主義路線を自ら模索する時期の教育（1958〜1976）

85

図解　現代中国の軌跡　中国教育

7.4　教育事業の調整

●指導理念

1959年1月12日から3月1日、党中央委員会は教育工作会議を招集、1959年の教育事業の方針を「強化・調整・向上」とした。全日制学校は教学を主とする原則を貫き、感性的知識と理性的知識の関係を正しく処理し、教学における教員の主導的役割を発揮し、「左になっても右になるな」という思想傾向、「ブルジョア知識分子は革命の対象」といった見解は是正すべきこと、学校業務は真剣・細心に、表面的な派手さでなく正常で安定した教育秩序の確保が求められた。

●主な内容

教育事業の調整は、まず重点大学で始まった。党中央は、特別に『教育部直属大学の暫定工作条例』（略称、『六十条』）を公布し、大学の教育目標と基本任務は社会主義建設に必要な専門的人材の育成であることを明確化した。大学は教学を主とし教学の質の向上に努めること、大学生が毎年参加する生産労働時間は通常1か月から1か月半とすべきであり、また、大学は知識分子政策を正しく実行し、政治・世界観・学術各方面の問題を適切に区分し、団結すべき知識分子すべてと団結し、「百花斉放・百家争鳴」を徹底して実行するという方針を明確化すべきである、とした。

知識分子政策の調整と改善は、教育事業調整の重要事項である。1962年3月2日、周恩来総理は広州で科学技術工作会議と文芸工作会議を招集して、『知識分子の問題を論ず』と題した報告を行い、大多数の知識分子は労働人民でありブルジョアではないと重ねて表明し、陳毅副総理は講話を発表し、知識分子に「ブルジョアの帽子を取って労働者の冠をかぶせる」べきだと提起した。

●成果

1963年年末、教育事業の調整業務は基本的に一段落した。大学の統廃合と学生数の削減により、大学は1960年の1289から407、学生は96.2万人から75万人に、中等専業学校は6225から1355、生徒は221.6万人から45.2万人に、普通中学は1958年の2.8万余りから1.9万余り、生徒は167.5万人から123.5万人となった。また、教員・職員らも合理化され、43万人が配属された。小・中・学校と各級各種学校の規模・配置・専攻・学科などについては徐々に改善された。

教育事業の調整

『教育部直属高等教育機関の暫定工作条例』

『全日制中学（高校・中学校）の暫定工作条例』

『全日制小学校の暫定工作条例』

略称は『六十条』。大学などの教育目標と基本任務は社会主義建設に必要な専門的人材の育成であること、大学などは教学を主として教学の質の向上に努めること、大学生が毎年参加する生産労働時間は通常1か月ないし1か月半とすること、また、大学は知識分子政策を正しく実行し、政治・世界観・学術的問題を適切に区別し、団結すべき知識分子すべてと団結し、「百花斉放、百家争鳴」の方針を徹底実行すること、が明確化された。

略称は『五十条』、『四十条』。小・中・高校の教育任務は、社会主義建設事業のための後方支援層の育成、上級学校合格者育成であること、小・中・高校は教学を主とする原則を貫き、教育部が統一規定したカリキュラム・教育指導要領・教科書に基づいて教育を行い、勝手に変更してはならないこと、小・中・高校生は適度な労働に参加すべきで、1・2・3年生は労働科目を設置せず、4年生以上は労働時間を毎年半月として毎回の労働時間が長くなりすぎないこと、が規定された。また、教員の本来の任務は学生をしっかり教育することで、その業務は安定している必要があり、業務時間と休憩時間は保証されなければならないことが強調された。

第7章　社会主義路線を自ら模索する時期の教育（1958～1976）

図解　現代中国の軌跡　中国教育

7.5　文化大革命期間の中国教育

　1960 年代に起こった文化大革命は、中国の学校徳育にとって重大な損害だった。この運動は、学校教育を政治教育に替え、教育分野で「闘争・批判・修正」を展開、「紅衛兵経験大交流」を引き起こして、小・中・高・大学を全面的に「授業を中止し革命に参加する」状態とした。革命後期には下放運動が始まり、教育革命が試行され、各級各種学校の教育業務は麻痺状態に陥った。

●紅衛兵経験大交流

　紅衛兵とは、文化大革命期間、林彪・江青ら反革命集団に利用された、中・高・大学生を中心とした全国規模の集団組織である。緑の軍帽と軍装、武装ベルト、左腕に赤い腕章、手に「毛沢東語録」というのが典型的スタイルだった。1966 年8 月 18 日、毛沢東は紅衛兵の腕章を着け全国から来た教員・学生や 1 万人以上の紅衛兵を接見し、彼らを大いに鼓舞した。その後、紅衛兵組織は急速に広まり、全国的な「大交流」が始まった。以後 3 か月間に、毛沢東は天安門で 8 回、全国各地から来た教員・学生・紅衛兵を次々と接見し、その人数は 1300 万人に達した。

●「知青」

　「知青」は知識青年の略称で、1950 年代から 1970 年代末期まで、志願または強制で農村に下放した若者を指す。その多くは中・高校レベルの教育水準だった。

●「老三届」

　1966 年から 1968 年 3 期の中学・高校卒業生を「老三届」という。彼らの大多数が学校を出るとすぐ知識青年となり、東北の荒地やシーサンパンナ、内モンゴルなどの辺境地域に下放した。この学生たちは大体が紅衛兵となった。

●「知青」の下放運動

　1967 年から 1976 年まで合計 1640 万の知識青年が下放し、行き先の大部分は陝西省・山西省・安徽省の農村、黒竜江省・内モンゴル自治区・雲南省・新疆ウイグル自治区の農場・造林地など辺境の貧困地区だった。彼らは 17、8 歳、年少だと 14、5 歳の教育改造された知識分子で、親元を離れ、適正な管理・生活が欠如し、生活と安全が保障されにくい環境と条件の下、「再教育」を受けた。ある程度の鍛錬にこそなれ、さまざまな人生の悲劇ももたらされた。この下放は、青年世代、さらには社会全体に「教育不要論」を引き起こし、教育事業は深刻な打撃を受けた。

88

出所:新華社図片(写真・図画)社

〔注〕写真下のタイトルは「山村・農村へ下放する好青年たち」。

第7章 社会主義路線を自ら模索する時期の教育(1958〜1976)

図解　現代中国の軌跡　中国教育

7.6　教育革命の試行

● 「工農兵学員」の募集

1970 年 6 月 27 日、党中央は『北京大学・清華大学の学生募集（試行）に関する起案書』を承認・周知し、両大学が入学試験を廃止し、「大衆による推薦、指導部による承認、学校による再審査」という方法を採用して、工農兵〔労働者・農民・兵士〕と下放青年から学生を募集し、それらの学生を「工農兵学員」と呼ぶことを承認した。1970 年に始まった文化大革命が 1976 年に終わるまでに、全国 205 校の総合大学・単科大学・高等専門学校で、7 期約 94 万人の工農兵学員を受け入れた。

● 「721」学校創立への道

「721」学校創立は、『上海工作機械工場から技術者養成の道を考える』という調査報告に基づいて毛沢東が発表した談話から、教育革命の試行モデルとして立ち上げられたものである。談話では、修業年限は短縮、教育は改革をし、プロレタリアによる政治を第一とし、労働者の中からエンジニアを養成した上海工作機械工場の路線を進むべきだと提起された。学生は実践経験のある労働者・農民から選抜され、何年か学んだ後は生産実践の現場に戻らなければならなかった。この談話は 1968 年 7 月 21 日に発表されたため、「721 指示」と呼ばれた。

「721 指示」実行のため、上海工作機械工場は「721 工人〔労働者〕大学」を創設した。入学試験は免除され、政治学習・生産労働中心の授業を行い、労働と学習が半々で、働きながら学び、みな労働者でもあり、大学生でもあった。卒業生は技術者になれ、各地の普通大学の創設モデルにもなった。1972 年から 1976 年までで、全国「721 工人大学」は 68 校から 3 万 3374 校に急増した。結果としては、鉱工業による学校創立形式が乱用され、高等教育の正常な発展は打撃を受けた。

● 「朝農経験」

「朝農経験」とは、遼寧省農学院朝陽分院[注1] の教育革命の経験を指す。1973 年 11 月 28 日、光明日報は『貧農及び下層中農〔中農は貧農と富農の間で、その下層をいう〕を大いに歓迎する大学』という文章を発表し、「朝農経験」は教育革命の試行モデルとなったと報じられた。

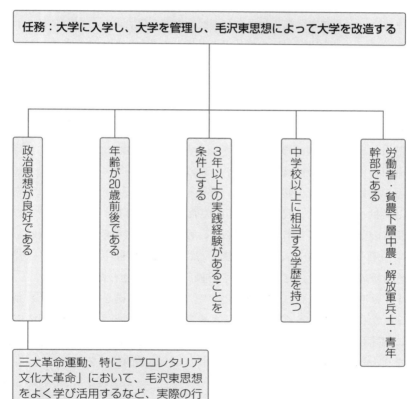

第7章 社会主義路線を自ら模索する時期の教育（1958〜1976）

図解　現代中国の軌跡　中国教育

8.1 「2つの評価」批判

● 「2つのすべて」の打破

「2つのすべて」は華国鋒が提唱したもので、「毛沢東が語ったこと、認めたことすべてに対し批判してはいけない」というものである。これにより1977年2月、雑誌『人民日報』・『解放軍報』・『赤旗』が共同で社説『文献をよく学び、要点をしっかりつかむ』を発表し、「我々は毛沢東が下した決定すべてを断固として擁護し、毛沢東の指示すべてに終始一貫従う」と提起した。

1977年4月10日、鄧小平は党中央に「我々は正確で完全な毛沢東思想を持って子々孫々に至るまで全党・全軍・全国民を導かなければならない」との手紙を書いた。また、党中央弁公庁の責任者が訪問した際は、「『2つのすべて』はいけない」と明確に意思表示した。5月24日、まだ正式に復職していなかった鄧小平は、「知識を尊重し、人材を尊重する雰囲気を党内に作らなければならない」、「『二つのすべて』はマルクス主義にそぐわない」と改めてはっきりと述べた。

● 「2つの評価」[注1]

1977年、鄧小平は復帰後、直ちに教育と科学技術の強化に取り組み、8月4日から8日にかけ、33名の教育関係者と著名な科学者を招いて座談会を開いた。参加者の意見に十分耳を傾けたあと、鄧小平は重要講話を発表し、「2つの評価」を厳しく批判し、また、建国後17年間の教育事業に対し十分な評価をして、教育関係者の積極性を引き出す必要があり、教員をさらに尊重するよう提起した。

9月19日、第2回全国高等教育機関入試工作会議開催中に、鄧小平は劉西堯など教育部の責任者を接見し、「2つの評価」を直接批判した。

鄧小平は度重なる談話で「2つのすべて」の束縛を打破し、直接「2つの評価」を否定した。そして、多くの知識分子と教育関係者が強要された思想上の束縛を徐々に解除し、教育分野の混乱を収めて正常に戻すため理論的根拠を提供するだけでなく、教育の発展のため、明確で確固とした思想的基礎を定めた。

「2つの評価」批判の歴史的経過

1977年4月10日、鄧小平は党中央に「正確で完全な毛沢東思想を持って子々孫々に至るまで全党・全軍・全国民を導かなければならない」と手紙で提起した。

5月、鄧小平は「2つのすべて」はマルクス主義にそぐわないと提起した。

8月、鄧小平は『八八講話〔8日に発表された「科学・教育工作座談会」での講話。前ページ参照〕』を発展させて「2つの評価」を鋭く批判し、「正確で完全な毛沢東思想」という概念によって、毛沢東思想科学体系と「2つのすべて」の違いを明確に区別するよう提起した。

9月、第2回全国高等教育機関入試工作会議が招集された期間、鄧小平は初めて名指しで『全国教育工作会議紀要』を批判し、「2つの評価」に対して直接批判した。

10月、雑誌『赤旗』は、教育部組織が執筆した『教育戦線における大論戦—四人組が捏造した「2つの評価」を批判する』という批判文を発表し、それ以降批判の風潮が高まり、思想の解放となった。

図解　現代中国の軌跡　中国教育

8.2　冤罪・誤審案件に対する名誉回復

●背景

　文化大革命は教育分野から始まり、その被害はひどかった。教育部とその所属単位および17省・市の教育部門の中だけで、迫害を受けた幹部・教員は14.2万人の多きに達した。文化大革命終結後、多くの教育関係者の積極性を引き出し、早急に教育改革の新局面を開くため、教育分野を正常化し、冤罪・誤審案件について名誉回復をして、罪に陥れられた多くの人々、迫害された幹部・教員を解放することが、当面の急務であった。

●教育分野での冤罪・誤審案件に対する名誉回復

　冤罪・誤審案件に対する名誉回復は1977年から始まり、1980年の初めにほぼ終了した。この3年間に、特に影響が大きかった冤罪・誤審の多くは冤罪が晴れ、是正された。1978年11月14日、党中央の承認を経て、党北京市委員会は、1976年の清明節に天安門広場で周恩来総理に哀悼の意を捧げ、また「四人組〔文化大革命を主導した江青・張春橋・姚文元・王洪文の4人〕」を糾弾したため迫害を受けた人々すべての冤罪を晴らし名誉回復したことを宣言した。また1979年党中央は、1959年の反右派闘争中に、現実の状況を述べたり反対意見を出したりしたことで「右翼日和見主義者」、「右翼日和見主義の誤りを犯した」とされた幹部あるいは教員の名誉を回復した。

　1979年新中国が成立してからの度重なる学術批判運動の中で、誤って批判を受けた学術問題や専門学者の冤罪についても名誉回復がなされた。それによって、真理を堅持し、誤りを修正し、事実に基づいて真理を求めるという中国共産党の優れた気風が回復された。また、党と民衆の関係が密になり、より多くの知識分子の積極性と仕事への熱意が呼び起こされ、党全体も、この深い教訓を得た。

教育分野での冤罪・誤審案件に対する名誉回復の重要な過程

1976年10月、教育分野での冤罪・誤審案件に対する名誉回復が始まり、知識分子政策が実行された。

1977年12月、「馬振扶公社中学事件〔当時2年生だった生徒が、教員の叱責を受けて自殺した事件〕」・「小学生日記事件〔小学5年の生徒が日記で教員の指導方法を批判し、それが称えられた事件〕」などで迫害を受けた幹部や教員すべてについて名誉回復が行われた。

1978年11月、1976年清明節に「天安門事件〔1976年4月5日に天安門広場で、同年1月に死去した周恩来に捧げられた花輪が撤去されたことに激昂した民衆が政府に暴力的に鎮圧された事件〕」によって迫害を受けた人々すべてに対し名誉回復が行われた。

1979年、1959年反右派闘争中、現実の状況を述べたり反対意見を出したりしたことにより「右翼日和見主義者」、「右翼日和見主義の誤りを犯した」とされた幹部あるいは教員の名誉回復が行われた。

1979年新中国が成立してから、これまで度重なる学術批判運動で誤って批判された学術問題や専門学者の冤罪案件も名誉回復がなされた。

図解　現代中国の軌跡　中国教育

8.3　大学入試制度の復活

●大学入試再開の過程

　文化大革命終了後、鄧小平氏は、早く多くの人材を輩出するため、大学の学生募集業務のできる限り速やかな再開に強い関心を持ち、かつそれを望んだ。

　1977年6月29日から7月15日、教育部は太原において全国大学学生募集工作会議を招集したが、「政治審査注2」と「民衆による推薦」については手をつけぬままで、8月13日から9月25日の第2回大学入試工作会議では、高校卒業生から直接募集することに対して大いに意見を戦わせた。

　1977年9月19日、鄧小平は大学入試制度復活にまつわる論争に対して、「入試について留意する主な2点として、1点は本人の態度が良好なこと、もう1点は優秀な者を合格とすること」を明確に指摘した。この指示を基に鄧小平が自ら手を入れ、『1977年大学入試工作に関する意見』を作成した。

　10月5日、党中央政治局は、専ら大学入試問題について討論し、10月12日、国務院は正式に承認・周知した。内容は「民衆による推薦」の完全撤廃と学問的知識に関わる試験の実施、高校卒業生の直接受験応募を許可すること、徳育・知育・体育を全体的に評価し、優秀な者を合格させることであった。

　大学入試制度の復活は大きな歴史的意義を持つ快挙であり、教育事業の歴史的転換が始まったことを表している。階級闘争のための奉仕から現代化社会主義強国建設のための奉仕に軌道を転じ、混乱を収め正常を取り戻すという大勝利を獲得したのである。

96

北京大学が大学入試復活後初めての新入生を迎える

写真出所：新華社図片社

〔注〕写真中のタイトルは「1977年新入生入学式」。

第8章 「混乱を鎮め正常化する」時期の改革（1978〜1982）

図解　現代中国の軌跡　中国教育

8.4　大学院教育の再開

　大学院教育は、国家のために高水準で専門的な人材を育成する任務を担っている。1966年文化大革命が勃発し、大学院教育は完全な中断を強いられた。文化大革命終了後、高水準の人材を早急に育成し、社会主義現代化建設の差し迫った需要を満たすため、教育部は大学入試制度の復活と同時に大学院教育の再開に着手し、相応の学位制度を確立した。

●大学院生募集の再開

　『1977年高等教育機関学生募集工作に関する意見』において、教育部はすでに大学の院生募集に関する意見を提起し、その目的・現実的意義と緊急の必要性を強調し、併せて大学院生を募集する学科・専攻・研究目標が具体的に規定された。

　教育部・中国科学院は、11月3日、合同で『1977年研究生〔研究機関については研究生、大学については大学院生〕募集の通知』を公布した。この『通知』では、研究生募集において、「本人が志望して受験申し込みをし、勤務先の紹介を経て募集校に対し申し込み手続きを行い、厳正なる試験を経て優秀な者を合格させる」という方法が採用された。また、併せて大学院教育の育成目標・修業年限・卒業審査・学位授与などについても具体的に規定された。これをもって、12年間の長きにわたり中断されていた大学院教育が再開されたのである。

　1978年5月、大学では大学院生募集試験の業務が始められた。全国で計210の大学、162の研究機関がそれぞれ大学院生・研究生の募集を開始し、出願者は主に文化大革命でチャンスがなかった青壮年で、1964年と1965年2期の大学卒業生および1975年と1976年の工農兵〔労働者・農民・兵士〕学生を含め、計1万708人が試験に合格した。

文化大革命以前の大学院教育の制度化

1951 年 6 月 11 日、高等教育部は『中国科学院所属研究機構・中央教育部所属大学院 1951 年夏季大学院実習員・大学院生の募集方法』を公布した。

> 募集対象は、その年に大学卒業見込みの学生を中心に、思想が進歩的、かつ経歴が明らかで、身体健康・学業優秀・一定の研究能力を持ち、成長の見込みがある者とする。本人による出願・学部学科主任の推薦・大学からの推薦・入試委員会の審査という方式を採用する。同年の募集枠は 500 名。

1951 年 10 月 1 日、政務院〔国務院の旧称〕は『学制改革に関する決定』を公布した。

> 大学と単科大学における大学院設立について、修業年限は 2 年以上とする、大学および専門大学卒業生あるいは同等の学歴を有するものを募集する、中国科学院およびその他の研究機構が協力して大学の教員・科学研究分野の人材を育成する、と規定した。

1953 年 11 月 27 日、高等教育部は『大学の大学院生育成暫定規則』（草案）を取り決めた。

1955 年 8 月 5 日、国務院は『中国科学院研究生暫定条例』を可決した。

1956 年 7 月 11 日、高等教育部は『副博士[注3]大学院生募集の暫定方法』を公布した。

> 学制を 4 年に定め、ソ連の大学院生育成を参考にした結果である。

1963 年 4 月　教育部は大学院生工作会議を招集し、『大学における大学院生育成工作の暫定条例』（草案）を可決した。

> 「今後は質の向上を中心に据えなければならない」こと、厳正なる試験を行うこと、政治と外国語の問題は教育部によって出題されること、また、「統一試験・質の保証・少数精鋭」が規定された。この会議は、中国の大学院教育がソ連モデルを脱却し自主的発展の道を進む努力が表れているが、残念ながら政治運動の打撃により実施に移されなかった。

第 8 章　「混乱を鎮め正常化する」時期の改革（1978 ～ 1982）

図解　現代中国の軌跡　中国教育

8.5　中国学位制度の確立

　学位制度とは、国家または大学が学位を授け、授けた学位の質・価値を保証し、また、学位関係の業務について有効な管理を行うために制定された関連の法令・規程・方法の総称である。中国の学位制度には、主に3段階の学位制・学位の種類・学位目録・学位授与審査制度・学位授与手続きがある。

● 3級による学位制度

　1980年2月12日、中華人民共和国第5期全国人民代表大会常務委員会第13回会議で『中華人民共和国学位条例』が審議、採択され、翌年1月1日正式に施行された。『学位条例』では、中国の学位が、学士・修士・博士の3段階に分かれていること、国務院により学位委員会が設立され、全国の学位授与関係の業務指導に責任を持つこと、学位関係の業務は国家、省（直轄市・自治区）と国務院の関係する部・委員会、学位授与機関の3ランクでの管理が行われること、が規定された。

　1981年5月、国務院は『中華人民共和国学位条例暫定実施規則』を承認した。『学位条例』と『実施方法』の制定・実施は、中国学位制度の正式な成立を意味する。

● 学位の種類

　中国の学位は学術的学位と専門職学位[注4]に分けられる。学術的学位は学科部類別に、哲学・経済学・法学・教育学・文学・歴史学・理学・工学・農学・医学・軍事学・管理学・芸術学の各学位・修士・博士に分かれ、専門職学位も学位・修士・博士に分かれるが、修士のみ設置されている場合が多い。専門職学位の各段階は相当する学術学位と同一レベルである。専門職学位は、その種類ごとに授与され、「～（職業分野）修士（学士・博士）専門職学位」の名称で表される。

● 博士後

　博士後とは、博士号取得後に大学や研究機関で一定の期間研究に従事する、あるいはポストドクター科学研究センター〔規定の条件を満たした大学や研究機構が許可を受けて博士号取得者を募集し研究を行う組織〕で特定のテーマを研究している人のことを指す。つまり、学位ではなく一種の仕事の経歴である。1985年7月国務院は、この研究センターの設立と博士研究員制度方案の試行を承認し、この制度が中国において初めて正式に確立された。

中国現行の学位類型

学術的学位の種類

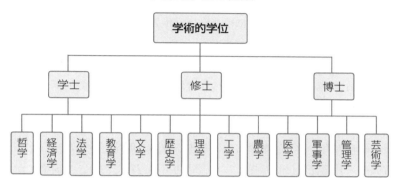

専門職学位の種類

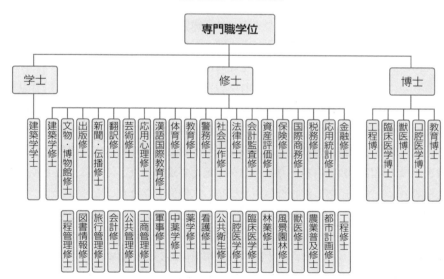

図解　現代中国の軌跡　中国教育

9.1　教育方針「3 つの『志向』」

●景山学校の題辞

　1983 年国慶節前、北京の景山学校は創立 20 周年祝賀活動を行い、鄧小平は景山学校のために「教育は現代化に目を向け、世界に目を向け、未来に目を向けなければならない」という題辞を揮毫した。この題辞がいわゆる「3 つの『志向』」である。

　これは景山学校の創立記念のための題辞だが、鄧小平は国際的新技術革命と国内の現代化建設における新しい情勢に基づき、当時の中国における教育発展が現代化建設にまったく適応していない現実を指摘したのである。そのため、この題辞は景山学校教育・教学改革の実験に対する激励と期待だけでなく、鄧小平が中国教育改革・教育発展に対し提起した戦略的指導方針であり、全局面にかかわる指導的意義を持っているのである。

●中心的内容

　「3 つの『志向』」の核心は、「教育は現代化に目を向けるべきだ」ということである。教育を「階級闘争を要とする」、「階級闘争の手段である」という考えから、社会主義現代化に奉仕するという方向へ転換させるべきであり、それによって経済建設を中心に、社会主義現代化建設に必要とされる力量を持つ人材を育成するものにしなければならない。これは教育発展の基本的出発点であり帰着点である。その一方で、教育が現代化に目を向けようとするならば、必然的に教育そのものの現代化実現が求められる。教育体制の改革深化、教育観念のアップデート、教育組織の調整、教育発展の規模・速度・構造の合理的対応、現代化された教育手段の運用、教学内容と方法の改革が絶えず求められ、徐々に社会主義現代化建設のニーズに適応した教育体制を構築し、整備しなければならない。

　「3 つの『志向』」は、鄧小平の社会主義現代化に関する戦略目標と戦略的配置についての構想に通じるものであり、中国独自の社会主義教育体制を構築する重要な構成部分となった。また、中国の教育事業において直面する新しい状況・新しい問題を研究し解決するために理論的依拠を提供し、新しい時代の中国における教育の改革と発展に大きな影響を与えた。

必然的に教育そのものの現代化実現が求められる。教育体制の改革深化、教育観念のアップデート、教育組織の調整、教育発展の規模・速度・構造の合理的対応、現代化された教育手段の運用、教学内容と方法の改革が絶えず求められ、徐々に社会主義現代化建設のニーズに適応した教育体制を構築し、整備しなければならない。

「3つの『志向』」

教育は現代化に目を
向けなければならない

世界に目を
向けなければならない

中国は世界を理解しなければならず、世界も中国を理解しなければならない。

未来に目を
向けなければならない

教育改革・教育発展の目標を定めるには、先行性と予見性が必要である。

第9章　中国独自の社会主義教育模索の道（1982～1992）

103

図解　現代中国の軌跡　中国教育

9.2　『教育体制改革に関する党中央の決定』公布

●公布の背景

　1980 年、党中央は 11 期 5 中全会で、時機を逃さず、国民経済発展のニーズに適した教育計画と教育体制の確立が必要であると提起した。また、1984 年、12 期 3 中全会では、経済体制の改革に伴って、科学技術体制と教育体制の改革はますます緊急に解決すべき戦略的任務になったと提言した。

　1984 年 10 月、党中央は、「教育体制改革文書起草チーム」を特に立ち上げ、綿密な調査研究をし、繰り返し意見を求め、最終的に『教育体制改革に関する党中央の決定（草案)』を作成し、1985 年 5 月に招集された改革開放後初めての全国教育会議に提出した。会議後、参加者の意見に基づき、起草チームは教育体制改革草案に修正を行った。

　5 月 27 日、党中央政治局〔中央委員会は毎年 1 回程度の開会なので、平常時の指導・政策決定は党中央政治局が行う〕は『教育体制改革に関する党中央の決定』（以下、『決定』）を討論・採択し、29 日『人民日報』で公開・発表した。

●主な内容

　『決定』では、新中国成立以来、特に 11 期 3 中全会以来の教育改革の経験を総括し、教育体制改革の指導思想・目標・任務・具体的措置について比較的系統的に指摘、説明されている。

　(1)　『決定』は、中国の教育事情の遅れ、教育体制に存在する深刻な問題をはっきりと指摘した。

　(2)　社会主義現代化建設のために大々的に「4 つがある〔理想がある・道徳がある・教養がある・規律がある]」新人を育成するという目的をめぐり、現行の教育体制の弊害を改革しなければならない。

　(3)　「3 つの『志向』」を指導方針として「教育は社会主義建設に奉仕し、社会主義建設は教育に依拠しなければならない」という根本的指導理念を確立し、全面的に教育改革を進めるにあたり綱領的文書となった。

```mermaid
graph LR
    A["『決定』の主要な体系"]
    A --- B["教育体制改革の根本的目的は、民族の素養を高め、よい人材を多く輩出することである"]
    A --- C["基礎教育発展の責任を地方に任せ、徐々に9年制義務教育を実行する"]
    A --- D["中等教育の構造を調整し、職業教育を強力に発展をさせる"]
    A --- E["大学の学生募集計画と卒業生分配制度を改革し、大学の運営自主権を拡大する"]
    A --- F["指導を強化し、各分野の積極的要素を動員して教育体制改革の順調な進行を保証する"]
```

第9章 中国独自の社会主義教育模索の道（1982〜1992）

図解　現代中国の軌跡　中国教育

9.3　9年制義務教育普及の実施

　「普九」とは、9年制義務教育普及の略称である。9年制義務教育とは、初等教育・初級中学校〔中学校〕における義務教育のことで、現段階では、小学校6年、中学校3年の9年間である。

● 9年制義務教育の実施

　1986年4月12日、第6期全国人民代表大会4回会議で、『中華人民共和国義務教育法』が採択され、同年7月1日から中国における正式な9年制義務教育の実施が決定された。

　『義務教育法』では、一般に満6歳の児童すべてが、男女・民族・人種に関わらず入学し、規定された年限の義務教育を受けるべきことが規定された。条件が整っていない地域は7歳まで入学の延期が許容される。義務教育は初等教育と初級中等〔中学校〕教育の2段階に分けられるが、現実に即した方法が取られており、一定期間・地域により義務教育のレベルの高低や実施速度の違い、学校運営形式の多様性・弾力性、複数の学制や年限の併存、義務教育の普及水準の差が許容されている。

●「双高普九」

　「双高普九」とは、高い水準と高い質を備えた9年制義務教育を普及させることである。これは、中国政府が20世紀末「両基〔9年間の義務教育実施と青壮年の識字教育〕」の基本的達成後に打ち出した新しい目標で、各ランクの行政府が組織した検査チームにより管轄区の学校の「双高普九」状況に対し、検査・監督指導が行われる。その主な内容は、普及程度・教員のレベル・学校運営の条件・教育経費・教育管理とその質の5分野である。

中国における9年制義務教育の普及計画

段階	計画	期間	目標	地域
基本的に9年間の義務教育を普及させる	第1段階	1994～1996	全国総人口の40～45％の地域で「普九」	主に都市と経済発展が比較的速い農村
	第2段階	1997～1998	全国総人口の60～65％の地域で「普九」	経済発展が中程度の地域
	第3段階	1999～2000	全国総人口の85％の地域で「普九」	経済発展が中程度の地域および貧困地域で比較的条件がよく、人口が5％の地区
全面的に9年間の義務教育を普及させる	西部地区「両基」攻略段階	2001～2007	西部地区「普九」が人口の85％以上、青壮年の非識字率が5％以下	西部地区と中部地区で「両基」が目標に達していない県
		2007～2010	全面的な9年制義務教育普及と全面的な義務教育の質の向上	全国すべての地域

図解　現代中国の軌跡　中国教育

9.4　各級各種教育教学改革の展開

●小・中・高校学制改革

1980 年党中央と国務院は『小学校教育普及における若干の問題に関する決定』を公布し、「小・中・高校の学制は徐々に 12 年制へ移行すること、今後一定の期間、小学校の学制は 5 年制と 6 年制の併存を許可し、都市部の小学校は先行して 6 年制を試行、農村の小学校は暫時現状で構わない」と明確に提示した。以後、多くの地域で小・中・高校 12 年制（633 制）」を実施し、同時に一部の地域では歴史的経緯を尊重して 533 制の継続を許可した。

●小・中・高校試験制度改革

小・中・高校教育改革における試験制度改革は終始重点かつ難点だった。1980 年代中頃から 90 年代初め、小・中・高校の試験制度改革は、主に中学校の生徒募集制度と普通高校卒業認定試験制度〔各学校の教学・生徒のレベルを測ることを主な目的とした〕について行われた。中学校入試制度改革は主に、すでに小中学校教育が普及している地域で中学入学の統一入試を徐々に廃止し、小学校の卒業生は学区で分けられた近くの中学校に入学を許可するというものである。

この改革で多くの中学校の新入生獲得源が効果的に改善され、学校や教師の意欲を引き出し、多くの教育困難な中学校は、指導者集団・学校の運営条件・教員チーム・学校管理の面で強化された。1983 年、教育部は条件付きの地域で高校卒業認定試験制度を施行すると提起した。

●高等教育〔大学教育〕認定試験〔独学者に対する学士学位認定の国家試験〕制度

認定試験制度は個人の独学、社会による学資援助、国家試験が結びついた新しい教育形式である。開放的で柔軟性があり、社会的投資が少なく効率が高いという特徴を持ち、中国教育制度の中で独特な援助・補充効果を上げた。

認定試験制度は、高等教育認定試験から始められた。教育部は 1980 年 12 月、国務院に向け『「高等教育認定試験試行規則」についての報告』を提出し、この試験の出願対象・試験方法・組織管理と卒業者の雇用待遇を報告し、規定を定めた。

1988 年 3 月、国務院は『高等教育認定試験暫定条例』を公布し、中国の高等教育認定試験は法制化への道を歩み始めた。

高等教育認定試験制度の発展過程

1978年、第5期全国人民代表大会第1回会議の政府事業報告

「中国は適切な試験制度を確立するべきで、業余〔勤務時間外〕学習の人々が試験を経て大学卒業と同等のレベルに達したことを証明し、同等の待遇を受けるべきである」と提起した。

1980年教育部は、国務院に向けて『「高等教育認定試験試行規則」についての報告』を提出した。

報告は高等教育認定試験の出願対象・試験方法・組織管理と卒業者の雇用待遇について規定を定めた。

1981年、国務院はこの報告について承認・周知し、北京・天津・上海・遼寧などの試験地区を決定して、中国高等教育認定試験制度の成立を示した。

1983年、国務院は教育部・国家計画委員会・労働人事部・財政部の『全国高等教育認定試験指導委員会に関する伺い』を承認し、3市1省で試行することを認め、各地域で徐々に高等教育認定試験を確立・展開していくことを求めた。その後、高等教育認定試験は試行地区から徐々に全国に広がりを見せた。

1988年国務院は『高等教育認定試験暫定規定』を公布し、中国高等学校認定試験は法制化への道を歩み始めた。

第9章　中国独自の社会主義教育模索の道（1982～1992）

図解　現代中国の軌跡　中国教育

9.5　教育の国際交流と国際協力の強化

●留学生の派遣

　鄧小平の強力な支持の下、国務院は特別経費（外貨を含む）を設け、海外、特に先進国への留学生派遣を承認した。また、公費留学生を派遣すると同時に、その他の手段による留学も始められた。

　統計によると、1978年から1998年の20年間で、中国の留学生総数は30万9000人に上り、留学先は103の国と地域に広がった。ユネスコの統計によると、この20年間で、留学生を最も多く派遣しているのは中国である。

●外国人留学生

　中国から多くの留学生を派遣すると同時に、海外から中国へ来る留学生の教育についても新しい発展があった。

　1978年から1998年の20年間に、中国は160余りの国と地域から29万7000人の留学生を受け入れ、その留学生たちは中国全土120余りの大学、200余りの専攻学科で学んだ。

　外国人留学生の増加は、中国の留学生受け入れ政策が徐々に整い、世界各国とほぼ連携できていることの現れであり、中国の経済・貿易の大きな発展と国際的地位の向上が、外国人留学生が中国に来て中国語や関係諸学科を学ぶことに対し、ますます大きな吸引力を生んでいることをある側面から示している。

●国家留学基金管理委員会

　国家留学基金管理委員会（以下、基金委）は教育部に直属する非営利事業法人である。国家留学生基金は主に国家留学基金計画の財政特別資金を財源としている。基金委は同時に、国内外の友好的な人々・企業・社会団体およびその他の組織の寄付・資金援助を受けている。基金委には、委員会と事務局が設けられており、委員会は情報提供・審査機構であり、事務局は常設機関である。

表1　国家留学基金管理委員会組織図

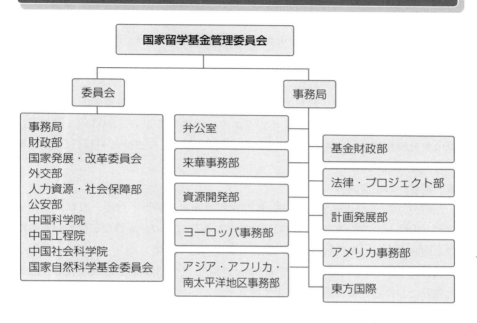

表2　1950～2008年　来華留学者の増加状況

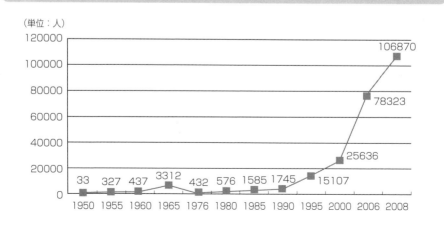

図解　現代中国の軌跡　中国教育

10.1　『中国の教育改革・発展綱要』の公布

●公布の背景

　中国共産党第 14 回全国代表大会〔以下、14 全大会〕は、「教育を優先的発展という戦略的な位置に据え、全民族の思想道徳と科学文化水準の向上に努める必要があり、これは中国現代化の根本的大計である」と明確に提起した。14 全大会で決定された戦略的任務を実現し、21 世紀初頭にかけて教育の改革と発展を指導し、社会主義現代化建設に教育をより貢献させるため、1993 年 2 月 13 日、党中央と国務院は『中国の教育改革・発展綱要（中発［1993］3 号)』（略称、『綱要』）を公布した。

●『綱要』の主な内容

　『綱要』は、8 つの部分、すなわち教育が直面する情勢と課題、教育事業発展目標、戦略および指導方針、教育体制改革、教育方針の全面的な貫徹、教育の質の全面的な向上、教員層の整備、教育経費から成立している。

　『綱要』は、新中国が成立して 40 年余、特に 11 期 3 中全会以降の教育の改革と発展における経験を総括し、中国社会主義初期段階の国情と教育事業が直面する情勢を分析して、21 世紀を前にした中国教育の改革・発展の方針課題・目標戦略・全体構想などを提起した。

●『綱要』公布の意義

　その戦略的重要度から、『綱要』は 1990 年代から 21 世紀初期の教育事業の発展に対する総合プランを立て、教育の発展に豊かな時代の息吹きを与え、新時代における教育発展の規模・速度に目標を設定し、教育の構造、教育の質、教育における効果に対し明確な要求を示し、各級各種教育の発展方針と課題を定めた。それによって国民全体の教育水準の向上、社会主義現代化への教育の貢献を実現し、21 世紀に目を向けた中国独自の社会主義教育体系の基本的骨組みを構築したのである。

112

『中国の教育改革・発展綱要』

- 教育は社会主義現代化建設の基礎であり、教育を優先的発展という戦略的位置に据えなければならない。

- 中国共産党は教育業務に対する指導を堅持し、教育の社会主義の方向性を堅持し、徳育・知育・体育がバランスよく備わった社会主義建設者とその後継者を育成しなければならない。

- 教育は、社会主義現代化への貢献を堅持し、生産労働と結びついて、経済建設という重要点に対し進んで従い、貢献し、社会の全面的進歩を促進しなければならない。

- 教育の改革開放を堅持し、教育体制・教育構造・教育内容・教育方法の改革に努め、人類社会のあらゆる文明の成果を大胆に吸収し、参考とし、恐れず新たな意見を出し、新たな試みに挑戦し、社会主義教育制度を絶えず発展させ、整えていかなければならない。

- 全面的に党と国家の教育方針を貫徹し、教育規律を遵守し、全面的に教育の質と学校運営の効果を向上させなければならない。

- 多くの教員をよりどころとして、絶えず教員の政治的素養と実務的素養を高め、仕事・学習・生活条件の改善に努めなければならない。

- 各ランクの行政府・社会各方面・人民大衆による学校運営の積極性を十分発揮させ、財政割当金を主とした多くのルートによる教育経費調達を堅持しなければならない。

- 中国の国情から、統一性と多様性の結びついた原則に基づいて、さまざまな形で学校運営を行い、多彩な人材を育成して、中国、そして各地域に適した教育発展の道を歩んでいかなければならない。

図解　現代中国の軌跡　中国教育

10.2　教育法制確立の強化

●背景

1995年3月、第8期全国人民代表大会第3回会議にて、『中華人民共和国教育法』（略称、『教育法』）が審議、採択された。中国教育の基本法として、国務院と教育部により教育界・法律界の専門家が集められ、入念な調査・研究、論証・討論が行われ、10年の歳月、12回の草稿作成を経てようやく完成し、同年9月1日施行された。

●主な内容

『教育法』は、10章84条からなり、教育が立国の根本であるという考えが法律形式で明確化され、国が教育の優先的発展に関する一連の重大な原則と法律的措置を保障すると規定し、教育全体に関わる重大な問題、例えば教育の特徴と位置付け、教育方針、教育の基本原則、教育の基本制度、学校の法律的位置付け、教育と社会の関係、教育への資金投入と条件保障、教育の対外交流と協力などに対して根本的原則的な規範を作り、その他の特定教育の法律・法規制定のために立法根拠を提供した。

『教育法』に基づき、相次いで『義務教育法』（1986年）・『教師法』（1993年）・『職業教育法』（1996年）・『高等教育法』（1998年）が制定・公布された。また、各地域でも一連の地方教育行政法規が公布された。

『教育法』の公布と実施は法による教育管理実現の重要な指標であり、中国独自の社会主義教育法制確立の重要なマイルストーンであった。

114

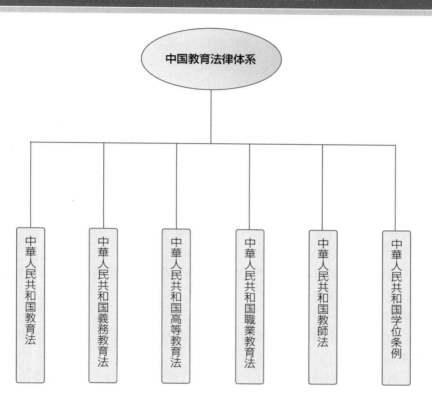

図解　現代中国の軌跡　中国教育

10.3　素質教育の全面的推進

　素質教育とは、教育を受ける者に対してさまざまな分野での素質向上を目指す教育形式を指し、人間の思想的・道徳的素質、能力の育成、個性の伸長、心身の健康を重視した教育である。

●**主旨**

　「素質教育」の提起は、主に小・中・高校教育に長期にわたる激しい進学競争があり、生徒のバランスよい発達に影響し、学業の負担も重くし、教学改革の進展にとって障害になっていることに焦点を当てたものであり、適切かつ完全に党の教育方針を貫徹させるには、教育は生徒のバランスよい素質の向上を基本的目標とするべきことを強調している。一部の人は「素質教育」を教育発展の新段階と見なし、受験教育と単純に対立して捉え、以前の教育すべてが受験教育だったとするような誤解を生じさせ、教育思想の混乱や教育実践上の迷いを引き起こした。

　そのため、素質教育に対して科学的な理論的説明と実践的検証と総括を行うにはまだ時間が必要である。

●**基本的特徴**

　(1)　全体性：適齢期の全児童のため、正規の基礎教育を受けられるよう門戸を開放する。

　(2)　基礎性：素質教育が児童・青少年に向けて提供するのは基本的な素質であって、職業的素質・専門的素質ではなく、生徒に一般的な学識を定着させるものである。

　(3)　発展性：生徒が自己学習・自己教育・自己発展するための知識と能力を育てることに着目する必要がある。

　(4)　全面性：素質教育は、成果目標を実現するだけでなく、形成的〔人格形成過程の確認〕要求も体現すべきであり、バランスのとれた成長教育の実現を通して、生徒個人の最良の成長を促進する。

　(5)　将来性：目の前の進学目標あるいは就職のニーズではなく、将来の社会的ニーズに立脚する。

素質教育の提起と変遷の過程

1985年5月、鄧小平は第1回全国教育工作会議で、「中国において、国力の強弱・経済発展効果の大小は、ますます労働者の資質・知識分子の数と質によって決定づけられる」と指摘した。

1985年

同年（1985年）『教育体制改革に関する党中央の決定』が公布されたが、提起された「素質」は「素質教育」とは特に相関関係はなかった。

1993年

党中央と国務院は、『中国の教育改革・発展綱要』において、「小・中・高校は『受験教育』からバランスのとれた国民の素質向上に向けて軌道修正しなければならない」と提起した。まだ「素質教育」の概念は打ち出されていない。

李嵐清〔当時の国務院副総理〕は全国教育工作会議で初めて直接「素質教育」という表現を使用し、「素質教育」を「受験教育」に相対するものとした。『学校徳育工作強化・改善に関する党中央の若干の意見』で初めて党中央の文書に「素質教育」という概念が正式に使われた。

1994年

1996年

3月、第8期全国人民代表大会第4回会議で採択された『中華人民共和国国民経済社会発展第9次五か年計画と2010年長期目標綱要』でも、「人材育成モデルを改革し、受験教育からバランスのとれた素質教育へ転換する」と提起された。

6月、第3回全国教育工作会議招集の直前、党中央と国務院の名義で『教育改革の深化と素質教育の全面的推進に関する決定』が公布された。その後、「素質教育の全面的推進」は教育革命深化の総括となり、一般的表現となった。

1999年

第10章　中国独自の社会主義教育体制確立の深化（1992〜2002）

図解　現代中国の軌跡　中国教育

10.4　新規教育課程改革試行の展開

　「新規基礎教育課程改革」は「新課改」の正式名称であり、新中国成立後「課改」
はすでに何回も行われていた。20 世紀末、党中央と国務院は、「教育改革の深化、
素質教育の全面的推進」が必要であり、改革の目的は 21 世紀において素質教育
のニーズに即した基礎教育課程体系を構築することであると提起した。

● 『基礎教育課程改革綱要』の公布

　2001 年 6 月 8 日、教育部は『基礎教育課程改革綱要（試行）』を公布し、基礎
教育課程改革を強力に推進し、基礎教育の課程体系・構造・内容について調整と
改革を行い、新しい基礎課程体系を構築しなければならないとした。『基礎教育
課程改革綱要』の公布を指標として、中国基礎教育の新しいカリキュラム改革の
試行が正式に始動した。新規課程体系改革試行は、幼児教育・義務教育・普通高
校教育の 3 段階で行われた。

● 生徒による自主的な課目選択

　生徒による自主的な課目選択は、今回の改革中の最大の注目点であり、高校生
は必修課程を学び終えた上で大幅な課程選択権を持つ。教育部は、生徒が課程を
選びやすいように、高校の課程を以下の 8 つの学習分野に分けた。言語と文学(国
語・外国語を含む)、数学、人文と社会（思想政治・歴史・地理の一部を含む）、
科学（物理・化学・生物・地理の一部を含む)、技術（通用技術・情報技術を含む)・
芸術（音楽・美術を含む)、体育と健康、総合実践活動（研究的学習・地域社会
奉仕・社会実践を含む）である。

　課目選択に対応するため、高校段階で単位を導入して生徒の課程修得状況を表
し、新課程ではさらに同一学科の内容をいくつかのモジュールに分け、教科書も
モジュールごとに編集された。通常 1 モジュール 36 時間 2 単位で、生徒は各学
年で各学習分野の一定単位を取得すればよい。各分野でどの科目を学ぶかは、例
えば外国語ではなくて国語を選択するなど、生徒が選べることになる。

　長期的に見ると、今回の高校カリキュラム改革は、伝統的な高校教育モデルか
らすると衝撃的なもので、社会各分野でのさらなる研究・指導が必要とされる。

「新カリキュラム改革」は何を改革するのか

課程の目標について：知識伝授偏重に反対し、知識と技能・過程と方法・感情態度と価値観という３つの次元の目標達成を重視する。

課程の構成について：異なる機能と価値を持つ課程は、比較的バランスよい合理的な構成であるべきで、同時に総合性・選択性を重視するものでなければならない。

課程の内容について：複雑・難解・偏重・旧式といった教学内容を改変し、生徒に生活や科学技術に関係する「生きた」知識をより多く学ばせることを重視する。

課程の実施について：「生徒に学ばせる」から「生徒が学ぶ」へ改め、生徒の興味をかき立て、生徒が自発的に参加し、探究を好み、自ら何かを始めようと努め、人との協力を学ぶことを重視する。

課程の評価について：以前の評価は、選別・選抜を過剰に重視していたが、今後の評価については、教学の改善と発展の促進のために行うことを重視する。

課程の管理について：以前は基本的に国家がカリキュラムや教材を統一していたが、今後は国家・地方・学校の３ランクによる管理とし、地方と学校の積極性を存分に引き出すことを重視し、また教育の的確性を強化した。

第10章　中国独自の社会主義教育体制確立の深化（1992〜2002）

図解　現代中国の軌跡　中国教育

10.5　遠隔教育の発展強化

　遠隔教育は遠距離教学ともいわれ、テレビやインターネットなどのマルチメディアを使用した教学様式のことであり、時間と空間を越えたことで、学校へ行き教室で授業を受けなければならない伝統的な様式と区別される。決められた場所に行って授業を受ける必要がないため、いつでもどこでも授業が受けられる。生徒はまた、テレビ・ラジオ・インターネット・指導専用ライン・カリキュラム研究団体・スクーリング（通信教育）などさまざまなルートを通して互いに学習できる。このような方法で学ぶ学生・生徒は、一般に業余研修者〔勤務時間外に学習する社会人〕である。

●技術支援

　1994年、「中国教育・科学研究ネットワーク（CERNET）」の建設が開始され、国家主幹ネットワーク‒地域ネットワーク‒キャンパスネットワークにより共同組織された教育ネットワークシステムがすでに基本的な形になっていた。CERNETはすでに全国70以上の都市、400余りの大学と通じており、すべての本科大学に迅速につながりつつあり、インターネットを通じて世界ともつながりつつあった。CERNETの国家主幹ネットワークと地域ネットワークの転送速度はすでに155Mに達する。インターネットの発達は現代遠隔教育の発展を促し、インターネット上で学歴取得教育〔卒業時に卒業証書が発行される学校教育で、研修などと区別される〕が行われた大学は全国ですでに30校ある。インターネットを技術的支えとした現代遠隔教育は衛星通信を利用した広播電視〔ラジオ・テレビ〕教育と結びついて、全中国をカバーした遠隔教育システムを構築している。

●成果

　1979年中国中央広播電視大学が開設され、1986年中国教育電視台が衛星チャンネルを開設した。1990年代中期には、中国は世界で一国内としては最大規模のラジオ・テレビを主とした遠隔教育システムをすでに作り上げており、200万校以上の小・中・高校教員と校長のために継続教育と職場研修を提供し、合計231万人の総合大学・単科大学の卒業生を輩出した。現在、広播電視学校では110万人もの学生・生徒が勉強しており、その他に、1千万人に上る農民に農村実用技術研修を提供した。

遠隔教育発展の３段階

通信教育の段階
（1949 〜 1978）

ラジオ・テレビ授業の
段階
（1979 〜 1993）

インターネットによる
遠隔教育の段階
（1994 〜　　）

紙媒体を主とした
郵送が手段

ラジオ・テレビ、
録音録画を主と
した手段

コンピューター・マルチ
メディアと遠隔通信技術
の結びつきによる手段

第10章　中国独自の社会主義教育体制確立の深化（1992 〜 2002）

121

図解　現代中国の軌跡　中国教育

第2編　訳注

第5章

注1　ソビエト区と辺区政府地区。人民解放戦争の過程で解放軍の管理下に入った日本軍占領
　　　地区と国民党支配地区を「新解放区」と呼ぶのに対し、それ以前に開放された地区を「旧解
　　　放区」と呼ぶ。
注2　労働者階級によるプロレタリア独裁ではなく、労働者階級以外の広範な人民の利益も含
　　　め人民全体を代表する政体。共産党以外の勢力も共同戦線の下に議会の議席などを認められ
　　　ていることが多い。
注3　国務院に所属し、少数民族の権益保護を目的とする委員会。
注4　1950年制作の映画。清末、乞食をしながら学校を興した武訓の生涯を描いた作品。毛沢
　　　東にブルジョワジーの改良主義であると批判された。
注5　現代中国の詩人、作家、『紅楼夢』研究家。『紅楼夢研究』が毛沢東の大批判を受ける。
注6　中華民国の学者・思想家・外交官。白話文学を提唱、文学革命を進めた。新中国成立後
　　　はアメリカに亡命。マルクス・レーニン主義を批判、改良主義を主張。やはり毛沢東の批判
　　　を受ける。

第7章

注1　1972年5月、朝陽五七農業科技大学（各農業の現場で実践的な教育を行っていた4つの
　　　基地を合わせてそう呼んだ）を遼寧省農学院朝陽分院と改称した。「社来社去（人民公社から
　　　入学して卒業後はその人民公社に戻る）」、「几上几下（学生がある期間労働に参加して学校に
　　　戻る）」の体制を取り、農業の発展に向け、教育活動・生産労働・科学研究を行った。

第8章

注1　文化大革命以前の17年間に実施された科学教育は修正主義路線（マルクス主義の原則に
　　　対し重大な修正を加える意見や思想のことで、多くの場合は批判や蔑称として使われた）だっ
　　　たという評価と、知識分子の大多数は世界観が基本的にブルジョワ的なブルジョワ知識分子
　　　であるという評価。
注2　政治的態度・仕事への取り組みや生活態度・基本的能力・応用能力・勤労精神・業務実
　　　績や経験などにより、合否を決める。一般的に党の下部組織の責任で行われるが、状況によっ
　　　ては上級組織によって行われる場合もある。
注3　ソ連時代の高等教育学歴制度において中国大陸の博士学位に相当する学位を指す。
注4　中国の大学院課程の学位は大きく2種類に分かれており、1つは、理論的な勉強・学術研
　　　究を通して取得する学術学位で、もう1つは、応用・実践を重んじ、ハイレベルの複合型人
　　　材を目指す専門職学位である。

第 3 編
教育の現状

- ●第 11 章　発展目覚ましい中国の教育
- ●第 12 章　中国の教育が直面する試練

図解　現代中国の軌跡　中国教育

11.1　政府が教育に責任を持つよう教育改革を強化する

　21 世紀に入り、国際競争の激化と中国経済改革の深化に伴い、社会の発展過程で若干の利益上の衝突と社会の矛盾が表れ、党と国家は、教育改革の中で政府機能の改変と政府の行政様式改善を進め、政府の責任を強化した。

●**指導理念**

　2005 年、16 期 5 中全会の『国民経済社会発展第 11 次五か年計画に関する提案』において以下の通り提起された。政府の義務教育に対する保障責任を強化し、義務教育の普及と強化に努めること、職業教育の発展を強化し、その学生募集規模を拡大すること、高等教育の質を向上させ、ハイレベルの大学と重点学科の建設を推進し、大学生のイノベーション能力、実践力を高めること。

　2006 年 10 月、16 期 6 中全会で『社会主義的和諧〔協調〕社会建設についての若干の重要問題に関する決定』が採択され、協調社会建設の重要任務において「公共財政制度の整備、基本的公共サービス均等化の逐次実現」が強化された。

　2008 年 3 月、第 11 期全人代第 1 回会議で、教育の改革と発展に対して重要な布石が打たれ、全国すべての都市・農村が義務教育無償化となり、職業教育における基礎能力の確立が強化され、政府による教育責任が強調された。

●「両免一補」

　「両免一補〔2 つの免除と 1 つの補助〕」とは、義務教育段階の生徒に対し授業料と雑費・教科書代を免除し、小中学校の寄宿生に生活補助を出すことで、政府が教育責任を担っているという姿勢の現れである。県級財政部門は省・市・県が担当すべき農村の義務教育レベルの生徒に免除した授業料・雑費を、関係の規程に従って実際に支払わなければならず、「両免一補」政策を実施することで、小中学生助成制度を確立・整備した。

政府の教育責任強化の過程

2005年、16期5中全会で『国民経済社会発展第11次五か年計画に関する提案』が採択される。

政府の義務教育に対する保障責任を強化し、義務教育の普及と強化に努める。職業教育の発展を強化し、その学生募集規模を拡大する。高等教育の質を向上させ、ハイレベルの大学と重点学科の建設を推進し、大学生のイノベーション能力・実践力を強める。

2006年、16期6中全会で『社会主義的協調社会構築についての若干の重要問題に関する決定』が採択される。

協調社会建設の重要任務の中で「公共財政制度の整備、基本公共サービス均等化の逐次実現」が強化された。

2008年3月、第11期全人代第1回会議で、教育の改革と発展に対して重要な布石が打たれた。

全国すべての都市・農村が義務教育無償化となり、職業教育における基礎能力の確立が強化された。

図解　現代中国の軌跡　中国教育

11.2　「城郷統籌発展」[注1] の教育改革

　「城郷統籌」を文字通り解釈すると、「城〔都市〕」・「郷〔農村〕」が、ある時代背景において連動して発展する、双方の共栄を目的とした発展構造のことである。農業に対する工業の支援とそのフィードバック、農村に対する都市の輻射とその牽引効果を十分に発揮させ、工業で農業を促し、都市によって農村を牽引するという長期的効果のあるメカニズムを作り、都市と農村の協調的発展を促進するのである。

●農村の義務教育経費保障新システム

　「各行政ランクにおける責任の明確化、中央と地方の共同負担、財政投資の拡大、保障レベルの向上、段階別組織的実施」の原則に沿って、農村の義務教育を全面的に公共財政保障の対象とし、徐々に財政投入を増やして、中央と地方で項目を分け、比率に応じて分担する経費の長期保障新システムが確立した。

●基礎教育における格差のない発展戦略

　2002 年、教育部は、「義務教育レベルにおける学校間格差のない発展を積極的に推進する」ことを明確に打ち出し、「近くの学校に無試験で入学」を実行して、指導困難校の改造と教員・校長の定期異動制度を確立した。

　2005 年、教育部は、各ランクの行政府が基礎教育の格差なき発展の責任を担うべきであると強調し、国家教育監督指導チームは、義務教育の格差なき発展を行政の監督指導に対する検査内容に盛り込んだ。

　2008 年、都市の義務教育レベルにおける授業料・雑費の全面的免除の実施が始まり、基礎教育の公益性が強化され、格差なき発展が推進され、学校間格差を縮小し教育の公平を強力に推進するため、さらなる努力がなされた。

農村義務教育経費保障新システム

農村の義務教育を全面的に公共財政保障の対象とする

- 農村の義務教育レベルにおける生徒の授業料と雑費をすべて免除し、貧困家庭の生徒に対し教科書を無料提供し、寄宿生の生活費を補助する

- 農村の義務教育段階における小中学校の公用経費保障水準を向上させる

- 農村の義務教育段階における小中学校校舎のメンテナンスについて長期保障システムを確立する

- 農村の小中学校教員の給与保障制度を強化・改善する

中央と地方で項目を分け、比率により分担する長期保障新システムを確立させる

- 中央と地方の分担比率を、西部地域では8：2、中部地域では6：4とし、直轄市を除く東部地域では財政状況により省ごとに決定する

省級政府が統一的計画を行い、県が主に管理する制度を実行する

- ここ数年、農村義務教育への経費投入体制改革において、中国の財政管理体制は、その重心を徐々に上級行政レベルへ移行させる発展過程をたどっており、公共財政による給付機能が次第に強化されている

第11章 発展目覚ましい中国の教育

図解　現代中国の軌跡　中国教育

11.3　「就業へ導く」職業教育を強力に発展させる

●指導理念

2002 年から 2005 年の間、国は 3 回にわたり全国職業教育工作会議を開き、『職業教育改革・発展の強力な推進に関する決定』、『職業教育のさらなる強化に関する教育部など 7 部門の若干の意見』、『職業教育の強力な発展に関する決定』を相次いで公布し、「支援を旨とし、就業へ導く」という職業教育方針を強化し、職業教育と生産実践、技術普及と社会貢献の緊密な結びつきを促した。

●中職（中等職業学校）助成政策

2007 年 5 月、『普通本科大学・高等職業学校・中等職業学校における経済的に困難な家庭の学生に対する支援政策システムの確立・整備に関する国務院の意見』が正式に公布され、中等職業学校の生徒が初めて資金援助システムに組み込まれた。2007 年 6 月、教育部・財政部は共同で『中等職業学校の国家助成金管理暫定規則』、『中等職業学校生徒実習管理規則』の 2 つをセットにした文書を配布し、秋には正式に実施された。

職業教育にとって、「中職助成政策」は職業教育の発展 30 年間で最も影響力・推進力を持つ最大の「行政行為」であり、2007 年の職業教育分野で最大の注目点であった。

「中職助成政策」における経済的に困難な家庭の生徒への助成金は、学齢あるいは学齢ではないすべての貧困生徒に職業教育の道を開くだけでなく、勉強をする者のために自立の道も提供している。「1 人を教育し、1 人を就業させ、1 戸を貧困から救う」を実現させれば、社会主義新農村建設の推進を加速させることになる。中等職業教育の国家助成政策は、職業教育がまさに「1 人 1 人に向き合う」最重要制度保証であり、公共財政制度改革と職業教育投資制度改革推進の現実化なのである。

1997～2005年中等職業教育予算の教育経費およびその全国予算内教育経費に占める比率

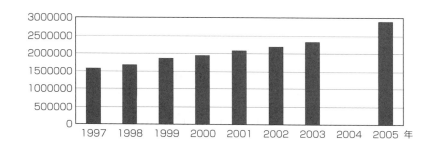

1997～2005年中等職業学校授業料・雑費およびその中等職業教育経費に占める比率

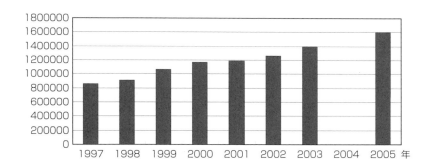

備考：グラフは教育部ポータルサイトより、2004年はデータなし。

図解　現代中国の軌跡　中国教育

11.4　現代化建設への高等教育の貢献力を強化する

　高等教育機関は、中国がハイレベルのイノベーション人材を育成する主要基地であり、基礎研究とハイテク分野のオリジナルイノベーションの主力軍であり、また国民経済の重要な科学技術的課題を解決し、技術移転・研究成果実用化を実現する新しい担い手である。

●本科生育成レベルの向上

　1990年代の中・後期に、高等教育機関が学生募集枠を大幅に広げたことにより、高等教育の質の低下などが問題となった。2002年、教育部は高等教育機関の学生募集枠の拡大が調整段階に入ったとし、政府は第11次五か年計画期間に高等教育発展の重点を質の向上に置き、学生の社会的責任感・実践能力・イノベーション精神をしっかりと養成するよう提起した。

　2004年、教育部と財政部は共同で「大学本科の教学レベルと教学改革プロジェクト」を始動させ、『本科教学改革のさらなる深化と教学レベルの全面的向上に関する若干の意見』を公布し、能力を中心とした本科生養成モデル改革を深め、大学の教育レベルを実質的に向上させ、高等教育の現代化水準を引き上げることを改革の方向とした。

●大学の科学技術イノベーション能力

　大学の科学技術イノベーション能力とは、大学が新知識と新技術を創造し、その新知識と新技術を新製品・新生産加工技術・新サービスに実用化し、地域の科学技術・経済・社会の発展を推進する能力のことである。これは主に、科学技術イノベーション資金投入力・科学技術イノベーション成果産出能力・科学技術イノベーション成果実用化能力などで、大学の総合的実力を判断する重要な指標である。

　2006年、中国の重大なオリジナルイノベーション能力を示す自然科学賞と技術発明賞の3分野すべての1等賞を大学がさらい、科学技術オリジナルイノベーションとハイテク研究の先端分野における大学の能力を十分に示した。また、大学の哲学社会科学の発展をより奨励するため、政府は「大学哲学社会科学発展計画」を立案・実施し、国家・地方・大学の3つの科学研究イノベーションシステムを整備・確立し、哲学社会科学研究プロジェクトのより整備された資金援助システムを作った。

130

新時代の大学科学技術業務の主要任務

高等教育の現代化に
貢献する力を強化する

素質教育を全面的に推進し、職業教育の発展に努め、イノベーション型人材の育成を加速させ、大学が小康社会（ある程度ゆとりのある社会）の全面的達成のために、イノベーション人材を育成する能力を強化する

国際協力の強化に努め、国際的な学術の交流と協力を促進する効果的なシステムを確立する

大学内部の管理体制の改革速度をより速め、積極的に中国独自の現代的大学制度を模索し、確立する

教育の情報化程度をより高める

大学教員のイノベーション能力向上に努め、世界レベルの精鋭イノベーション人材とイノベーションチームを育成する

財政投入の枠を拡大し、高等教育機関に一群の国家級の科学研究・プロジェクト化基地を建設する

高等教育機関の知識貢献力と社会奉仕レベルを強力に引き上げる

自主的イノベーションにおける高等教育機関の基礎的中核的役割を十分に発揮させ、ハイレベルの研究型大学を建設する

第11章　発展目覚ましい中国の教育

131

図解　現代中国の軌跡　中国教育

11.5　開放的現代教員教育制度の構築

●多様な教員養成システムの開放

　高等教育大衆化路線の推進、大学管理体制改革と配置構成の調整に伴い、中国の教員教育養成システムは、単独で閉鎖的な状態から開放され多様化されてきており、総合大学が教員養成分野に参入してきた。2002年、教育部は『第10次五か年計画期間における教員教育の改革と発展に関する意見』で、既存の師範大学を中心としつつ、その他の高等教育機関も共同して参画するようにし、養成と研修を連携させ、生涯教育の考えを実現した開放的な教員教育システムを確立することを強調した。

　2007年時点で、中国では合計2948の学校が教員養成教育に参与しており、そのうち本科の教員志望生を養成する大学は341校、師範大学が96校で、師範大学は本科の教員志望生を養成する大学総数の28.2％と、師範大学ではない大学が、すでに教員教育の重要な構成部分となっている。

●全国教員教育ネット連盟計画

　2003年9月8日、教育部は正式に「全国教員教育ネット連盟計画」（以下、「連盟計画」）を始動させた。この計画の主旨は、教育の情報化で教員教育の現代化を促し、中国独自の、時代に即した教員生涯学習システムを構築し、教員の生涯学習と継続した素質向上のための支援とサポートを提供することである。

　「連盟計画」が実施に移されて以来、「イノベーション・飛躍・集積」という指導原則に沿って、総合的な計画と段階的実施が進められ、北京師範大学・華東師範大学など8校の遠隔教育試行師範大学、中央広播電視大学、中央電化教育館、中国教育電視台、高等教育出版社を中心に教員教育協力組織が構成された。

　2007年までに、約90万人以上の小・中・高校教員が「全国教員ネット」を通じて、教員養成専門の遠隔学歴教育〔卒業時に卒業証書が発行される遠隔教育で、研修などの非学歴教育と区別される〕に申し込んだ。教員の非学歴遠隔研修は毎年延べ100万人以上に達し、合計して学歴教育ネット課程が3000回以上、非学歴研修ネット課程が1万回以上開かれている。教員ネット連盟系列の教員養成専門の遠隔学歴教育受講学生は累計90万人以上で、教師の非学歴遠隔研修は毎年延べ100万人に達し、「連盟計画」は一定段階における成果を上げている。

132

図解　現代中国の軌跡　中国教育

11.6　教育の対外交流のグレードと分野を開拓する

● 「3つの一流」留学生の選抜・派遣規則

　世界の有名大学や科学研究機関にさらに学び、ハイレベルの人材を養成するため、2005年、教育部は「3つの一流（一流の学生を選抜、海外一流大学・専攻学科へ派遣、一流の指導教官に師事）」という留学生選抜・派遣規則を提起した。

● 国家ハイレベル大学院生公費派遣プロジェクト建設

　『国家中長期科学・技術発展計画綱要』実施と緊密に対応し、何年間か後に国家建設に必要な各産業分野の優れたイノベーション人材を育成するために、国家留学生基金は2007年「国家大学院生公費派遣プロジェクト」を設け、2007年から2011年の間、毎年5000名の大学院生が海外の一流大学へ赴いて学問を深めた。

　2007年にこの契約をした第一次契約大学は、「985プロジェクト［2.7節参照］」対象大学39校、「985プロジェクトイノベーションプラットホーム［2006年に始まった国家プロジェクト］」大学7校の計46校、学費の援助対象は、「公費派遣プロジェクト」実施大学在学中の、国外で博士課程または修士・博士課程を継続することを申請できる学生で、援助額は各学年最高3万ドル以下、期限は留学生の奨学金援助期限内で、特別な場合は教育部の認可が必要となる。

● 孔子学院

　孔子学院は、中国語・中国文化・国学普及のための教育・文化交流機関で、非営利社会公益団体であり、一般に海外の大学・大学院などの教育機関に置かれている。2010年10月には、322の孔子学院と369の孔子学級［中高生レベル］、計691か所が96の国・地域に建てられた。孔子学院が91の国と地域に計322か所、そのうちアジア30か国（地域）81か所、アフリカ16か国21か所、ヨーロッパ31か国105か所、アメリカ12か国103か所、オセアニア2か国12か所に、孔子学級が34か国369か所（ミャンマー・マリ・バハマ・チュニジア・タンザニアは孔子学級のみ）、そのうちアジア11か国31か所、アフリカ5か国5か所、ヨーロッパ10か国82か所、アメリカ6か国240か所、オセアニア2か国11か所に置かれた。

　各地の孔子学院は、その特性を十分生かし豊富で多彩な教学と文化活動を展開し、徐々に特色ある運営モデルを形成し、各国の中国言語文化の学習、現代中国の理解の重要拠点となり、現地社会各界に非常に歓迎されている。

孔子学院のマーク

孔子学院の世界分布図

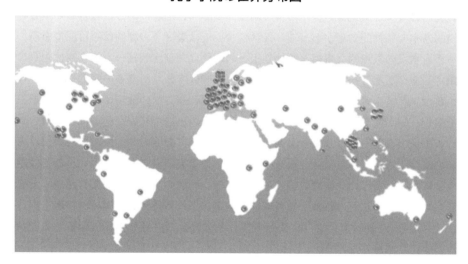

注：図中の●印は孔子学院の場所を示す。

第11章 発展目覚ましい中国の教育

図解　現代中国の軌跡　中国教育

12.1　公平と効率のバランスを保つ

●教育の公平

　教育の公平は教育の基本的な価値観であり規範である。その核心は、教育の権利・機会の平等であり、理想的な状況下で求められるのは、同一社会における個人は入学の機会、教育の過程、教育を受けた結果において平等であるべきだというものである。

　18全大会の報告では、強力な教育公平化促進に対し、4つの明確な要求が提起された。第1に教育資源の合理的配置で、農村地区・辺境地区・貧困地区・民族地区に重点的に傾斜配分すること、第2に、脆弱な部分を強化して特殊教育・民族教育を支援すること、第3に、困難を抱えた人々を支え、経済的に困難な家庭の学生・生徒に対する資金援助の水準を上げ、農民・労働者の子女に対する平等な教育を積極的に推進すること、第4に、民営教育の発展に力を入れ、学生・生徒のために多くの選択肢を提供すること、である。

●教育の効率

　効率というのは本来経済用語で、投資と生産の比率を指す。教育の特殊性から教育への投資と成果は経済・精神の両側面があり、それに応じた教育の効率も経済的効率と精神的効率があって、後者については数字での評価は不可能である。

　教育事業の数量的な規模と質的効果との関係は弁証法的統一〔対立物は相互に規定しあうことで初めて互いに成り立つ〕の関係であり、ある一定数量に達しない質はスケールメリットに欠け、また一定の質に達しない数量は必ず深刻な損失を生む。国際競争で優位に立つには、教育事業の迅速な発展が必須だが、質のレベルを保つことがどうしても必要であり、むやみに発展のスケールや速度だけを求めてはならず、さらには、質を犠牲にして規模を追求するなどということは避けなければならない。教育政策の決定部門は、国民のニーズを効果に誘導する必要があり、そうしなければ、教育構造・教育類型・教育体制の偏った発展を招くことになり、「就職難」や「卒業即失業」など社会の円滑な発展に影響する問題が引き起こされるだろう。

教育の公平における内在的な追求

教育の社会的公平

教育の社会的公平は平等をその核心とし、教育の機会について均等化された格差のない分配が行われる

教育の社会的公平を求めることは、個人の自己実現への要求と社会進歩の表象である

補償的公平

教育の市場的公平

教育の市場的公平は「不平等」をその核とし、教育の機会について不均等で格差のある分配が行われる

教育の市場的公平を実現する主な手段は、公平な競争である

同時期において、教育の社会的公平の広がりは、教育の市場的公平の縮小を意味し、その逆もまた然りである

教育の公平は、実際には教育の社会的公平と教育の市場的公平が統合されたもので、大衆の願望と客観的法則が一致したものである。また、精神的価値と発展的価値の一致であり、この一致は教育の発展と教育の効率向上に有益である。

第12章 中国の教育が直面する試練

図解　現代中国の軌跡　中国教育

12.2　市場と計画の関係調整

●政府と市場の関係

　政府と市場の関係とは、すなわち政府と市場の役割のことで、教育体制改革において解決・検討が必要な重要課題である。中国の現段階の教育体制改革の方向は、社会主義市場経済に適応した教育体制の確立であり、教育と市場、並びに教育の発展特に教育資源の配置に対する市場の基礎的な調節作用を重視する必要がある。ただし、教育が持つ公益性という本質的な特徴と市場の持つ視野の欠如と狭さという特徴には矛盾が多く、これにより、依然として政府が教育改革の発展において主導・支援・監督の役割を担うことが決定づけられ、また必要とされているのである。

●政府と学校の関係

　政府と学校（ここでは主に高等教育機関）の関係では、学校の経営自主権の実行と拡大を一層進め、現代的高等教育制度を確立・整備する必要がある。大学内部について言えば、学内の管理体制改革を引き続き深化させ、その監督体制をしっかりと整え、大学経営における自主権の拡大と政府による直接的関与を減少させると同時に、大学がそれに対して負うべき社会的責任への認識を高めなければならない。

●大学の非行政化

　大学の非行政化とは、大学が政治と学問の分離を推進することで、管理と経営を分け、徐々に既存の行政ランク分けと、行政化管理モデルを廃止していくことであり、大学管理体制改革推進の措置の１つである。大学の非行政化は教授による学校経営、学術至上を意味し、教学や科学研究の第一線の教員・教授が、大学の学術的発展の方向を代表することを意味する。大学においては、知識と行為を尊ぶのであって、権力と地位を尊ぶのではない。

市場と計画の関係調整

体制改革において、
市場と政府をともに配慮し、
政府と市場の内在的欠陥は
可能な限り避けるべきである

管理改革において、
地方政府に教育管理権をより多く与え、
中央政府のマクロ的管理を改善・強化し、
大学の運営自主権を実行し、拡大すべきである

政府の学校経営を中心に、
公教育と民営教育が公平に競い合い、
ともに発展する状況を作り上げる

図解　現代中国の軌跡　中国教育

12.3　義務教育が直面する試練

　中国の科学技術立国戦略は、農村における義務教育発展のため、良好な政策的基礎を築き、政府は相次いで「国家貧困地区義務教育プロジェクト」などを実施した。

●**農村教育が直面する3大試練**

　種々の原因により、中国の農村における教育は依然として3つの試練に直面している。すなわち、農村における義務教育の不均衡や、特に都市と農村の格差が比較的大きいこと、そして教育財政改革の「行政ランク別の学校運営から県主体へ」が依然として不徹底なこと、また、農村の義務教育が「ほぼ普及」から「実質的普及」へ至るまで依然として距離があること、である。特に教育財政の問題は、現在の分税制財政体制〔税目によって中央税・地方税・中央地方共有税に分ける制度で、中央財政収入の確保につながる〕の下、県級財政が占める額が少なく、加えて、郷（鎮）レベル〔県レベルの指導を受ける行政区域〕の財政も、全国財政収入の20％を超えるに過ぎない（中央政府が51％、省・地級市〔省級行政単位と県級行政単位の間にある地区級行政単位〕の2ランクで27％を占める）。

　大多数の県級財政が、教育経費投入の主体的責任を負えないのは明白であり、「県主体」は、都市と農村が分離した教育の構造からいまだ脱却していない。県級行政区域も依然として農村に属しており、郷鎮主体から「県主体」になったのは、農村内部で教育資金の受取・分配方式を調整しただけで、根本から農村教育の基礎的条件を改善し、ますます差が開いていた都市と農村の教育格差を縮めることはできていなかった。

中国における義務教育の普及状況

（単位：%）

年	15歳以上の非識字率	平均教育年限	小学校純入学率	中学校就学率
1990	15.88	6.26	96.30	66.70
1995	12.04	6.72	98.50	78.40
1998	11.95	7.09	98.90	87.30
1999	11.55	7.18	99.10	88.60
2000	6.72	7.62	99.10	88.60
2001	8.99	7.68	99.10	88.70
2002	9.16	7.73	98.60	90.00
2003	8.74	7.91	98.70	92.70
2004	──	8.30	98.90	94.10
2005	──	──	99.20	95.00
2006	──	──	99.30	97.00
2007	──	──	99.50	98.00

注：──は使用不能なデータ。
資料出所：教育部計画司：『中国教育統計年鑑』（1999～2007年）。

図解　現代中国の軌跡　中国教育

12.4　高等教育機関が直面する試練

●大学の飛躍的発展とレベルの低下

　1998 から 2005 年の 7 年という短い期間で、中国の高等教育は就学率が 9.8％から 21％まで上昇し、2005 年には各種高等教育機関の在学生は 2300 万人を超え、たった数年間でエリート教育から大衆化教育への飛躍的発展を実現した。学生募集枠の拡大が強力な行政干与の下で行われたことにより、中国の高等教育は経費の投入・学校の運営条件・教学方法・教学手段はもちろん、管理集団・教員の力量などの方面でも大規模な学生募集拡大に対応しきれず、高等教育の規模拡大に伴って教育のレベルダウンが起こった。

●大学の規模拡大と経費投入不足

　高等教育の規模拡大は、教育経費の大量投入を前提として始まったことで、それがなければ、高等教育の規模拡大は考えにくい。だが、高等教育経費の総投入額増加と同時に、一方で一般大学生の平均予算内教育事業費と公用経費〔学校の通常的運営に必要な教育設備費・光熱費など〕は減少し続けた。2005 年の一般大学生の平均予算内教育事業費は 5375.94 元で、1998 年と比べると 1399.25 元減少し、下げ幅は 20.65％だった。同年の 1 人当たりの予算内公用経費〔教育支出のうち人員経費を引いて学生数で割った平均額〕は 2892.65 元で、1998 年より 655.08 元減少し、下げ幅は 22.65％になり、多くの大学が、学生募集拡大がもたらした経費投資不足の問題を負債によって解決せざるを得なかった。中国社会科学院が公布した『2006 年：中国社会情勢の分析と予測』では、2005 年以前の国公立大学の銀行貸付総額は 1500 億元から 2000 億元である。

●大学における教育目標の画一化

　中国の多くの大学に、位置付けが不明確で、特色に欠け、教育目標が画一的である、という問題が存在していた。本来、伝統も特色もある一部の理工科大学が総合大学を目指し、一方で一部の文科系大学は、理工科の増設に力を入れ、総合性を大学の求める目標にし、まるで規模が大きければ世界の一流大学になれるとでもいうようである。大学の位置付けの不明確・教育目標の画一化は、高等教育の資源を浪費しただけでなく、貴重な人材資源も浪費した。

1999 〜 2006 年
中国における大学の学生募集拡大一覧

（単位：万人）

年	普通大学本科・高等専門学校の募集人数	前年との増加人数比較	増加幅（%）	在学人数	就学率（%）
1999	159.68	51.32	47.40	879.16	10.50
2000	220.61	52.79	31.45	1230	12.50
2001	268.28	47.67	21.61	1300	13.30
2002	320.50	52.22	19.46	1600	15.09
2003	382.17	61.67	19.24	1900	17.00
2004	447.34	65.17	17.05	2100	19.00
2005	504.00	56.66	12.67	2300	21.00
2006	540.00	36.00	7.00	2500	22.00

資料出所：『中国人口統計年鑑』・『中国教育統計年鑑』。

図解　現代中国の軌跡　中国教育

12.5　職業教育が直面する試練

●職業教育の吸引力

　職業教育の吸引力は2方面に関わる。1つは教育自身の位置付けで、もう1つはその職業に必要とされる対象であり、両者には需給の整合が求められる。位置付けは「身分」を決定する。高等専門科か大学本科か、育成する人材がブルーカラーなのかホワイトカラーなのかである。必要とされる対象となると、都市の学生なのか農村の学生なのかでニーズが異なり、高等教育か職業教育かの選択も異なってくる。

　近年中国の職業教育は飛躍的発展を遂げたが、依然として吸引力不足の問題が存在している。例えば、学生の将来的な発展をめぐり、サポート力を向上させ、成長の環境を作り、職業教育の吸引力を強化し、職業教育の質を向上させて、社会の主流となっている価値観と大衆心理がもたらす悪影響、職業教育の社会サポート機能と役割の弱体化、および職業大学卒業生の将来的職業選択に対する現在の人材評価システムによる制限などの問題を解決しなければならない、などである。

●職業発展計画

　職業発展計画とは、個人が将来の職業選択のために行う対策と準備のことで、職業に向けた段階的・長期的な目標の確立、自己実現に適した方向性の確立、取り組んでいきたい仕事の明確化などがある。

職業教育が直面する試練

職業教育発展に影響する主な要因は、原動力となるシステムの不足である

職業教育への投入が不足し保障体制に欠陥がある

制度による供給不足と体制上の利益に矛盾があり、人事制度・進学制度・財政制度が職業教育にとって３つのハードルとなった

社会意識の偏りと非理性的な発展観による妨害で、職業教育の吸引力が低下した

図解　現代中国の軌跡　中国教育

第3編　訳注

第11章
注1　都市と農村がバランスよく統一され発展すること。

付　録

図解　現代中国の軌跡　中国教育

中華人民共和国教育部歴代部長

任期	姓名	人物紹介
初代： 1949.10〜 1952.11	馬叙倫	馬叙倫（1885〜1970）浙江省杭県出身。現代学者、書道家。1949〜1952年教育部の初代部長を務め、1952〜1954年は初代高等教育部部長を務めた。
第2代： 1952.11〜 1958.2	張奚若	張奚若（1889〜1973）陝西省朝邑出身。中国の政治学者、愛国民主人士。若い頃から同盟会〔中国革命同盟会。1905年、孫文らによって設立された革命団体〕に参加。1952年11月、教育部部長に任命された。
第3代： 1958.2〜 1964.2	楊秀峰	楊秀峰（1897〜1983）河北省遷安出身。1958年2月11日、第1期全人代第5回会議は『国務院所属組織機構の調整に関する決定』を採択し、高等教育部と教育部を合併して教育部とし、楊秀峰が部長となった。
第4代： 1964.2〜 1965.11	何偉	何偉（1910〜1973）河南省汝陽県（現在の汝南）出身。本名は霍恒徳。1936年中国共産党に入り、1964年5月に教育部部長、党組織書記などを務めた。
第5代： 1965.1〜 1966.7	蒋南翔	蒋南翔（1913〜1988）江蘇省宜興出身。中国青年運動のリーダー、教育者。1965年1月〜1966年7月高等教育部部長を務めた。

任期	姓名	人物紹介
第6代： 1975.1～ 1976.4	周栄鑫	周英鑫（1917～1976）山東省蓬莱県出身。本名は周文華。教育者。1933年中国共産党に入り、1975年1月に国家教育部部長に就任した。
第7代： 1977.1～ 1979.2	劉西堯	劉西堯（1916～2013）湖南省長沙出身。1937年中国共産党に入る。国防科学技術戦線で長期間働いた経験があり、1963年少将の称号を得る。1977年教育部部長に就任し、大学入試再開という重要政策の制定・実施に参与した。
第8代： 1982.4～ 1993.3	何東昌	何東昌（1923～2014）浙江省諸曁出身。1951年2月～1953年9月清華大学党委員会書記を務める。1982年以降は清華大学から異動、教育部部長・党組織副書記を務めた。1985年6月、第6期全人代常務委員会第11回会議で国家教育委員会の設立が決定し、何東昌はこの委員会の党グループ書記、副主任を務めた（李鵬・李鉄映が前後して主任を兼任した）。
第9代： 1993.3～ 1998.3	朱開軒	朱開軒（1932～2016）上海金山出身。1953年5月中国共産党に入る。大卒。エンジニア。1993年3月～1998年3月国家教育委員会主任を務めた。
第10代： 1998.3～ 2003.3	陳至立	陳至立（1942～　）女性。福建省仙遊出身。中国共産党員で、1964年9月に就職。中国科学院上海珪酸塩研究所絶縁体物理専攻を卒業、大学院卒で副研究員［教授に相当］。1998～2003年教育部部長・党グループ書記を務めた。
第11代： 2003.3～ 2009.10	周済	周済（1946～　）湖北省武漢出身。中国共産党員で、大学院卒、博士・教授・中国工程院会員。2003年3月第10期全人代第1回会議で教育部部長に任命された。

付録

図解　現代中国の軌跡　中国教育

任期	姓名		人物紹介
第12代： 2009.10～ 2016.7	袁貴仁		袁貴仁（1950～　）安徽省固鎮出身。大学院卒、教授。中国共産党員。1969年5月に就職して、1996～2001年、北京師範大学党委員会書記・校長を歴任。2009年10月31日、教育部部長に任命された。

〔現任：2016.7 ～　陳宝生〕

現代中国教育年代記（1949 年から 2012 年まで）

年月日	出来事
1949.10.1	中華人民共和国成立。毛沢東は、政府の施政方針として『中華人民政治協商会議共同綱領』の承認を宣言した。その綱領では、中華人民共和国の文化教育は新民主主義的なもの、すなわち民族的・科学的・大衆的な文化教育とすると規定されている。
1949.11.1	中央人民政府教育部が創設記念式典を挙行する。
1949.12.23～31	教育部は第 1 回全国教育工作会議を開き、教育は国家建設に奉仕し、学校は労働者・農民に開放されなければならないこと、新しい教育の建設には旧解放区の新しい教育経験を基礎とし、旧教育の有用な経験を吸収すること、ソ連の先進的な教育建設の経験を助けとしなければならないことを提起した。
1950.6.1～9	教育部は第 1 回全国高等教育会議を開き、高等教育機関の方針と高等教育建設の方向を改善することを提起した。
1950.9.20～29	教育部と全国総工会〔中国労働組合の最高指導機関〕が合同で第 1 回全国工農〔労働者・農民〕教育工作会議を開き、工農教育実施の方針と原則を提起した。
1950.12.29	政務院〔国務院の旧称〕第 65 回会議で『アメリカ資本の補助を受けている文化教育救済機構及び宗教団体を処理する方針に関する決定』が可決され、外国資本の援助を受けているすべての大学・高校・中学・小学校に対し、それぞれ公立、あるいは中国人による経営に移行して教育の主権を取り戻した。
1951.9.20～28	教育部は第 1 回全国民族教育会議を開き、民族教育の方針を定める討論を行った。
1951.10.1	政務院は『学制改革に関する決定』公布を実施し、労働人民と工農幹部が教育を受ける機会を法令の形式で確立・保障した。これは、新中国初の学制である。
1952.7.8	政務院は全国の大学・高校・中学の学生・生徒における人民奨学金制度の実施を通知した。
1952 年	教育部は、工業建設のための人材と教員の育成を重点として、全国公立高等教育機関と学部・学科の調整を行い、すべての私立大学を公立に改めた。

付録

図解　現代中国の軌跡　中国教育

年月日	出来事
1953.6.5	教育部は、第2回全国教育工作会議を開き、第1次五か年計画期間の普通教育と師範教育の業務方針と任務を提起した。
1954.5.24	党中央は教育部党組織の『高級小学校〔以前、小学校が「初級小学」と「高級小学（小学5・6年生）」に分かれていた時期がある〕・中学校卒業生における学習と生産労働従事の問題解決に関する決裁報告』を周知した。党の呼びかけに応えて、都市部の高等小学校・中学校の卒業生の多くが農業生産労働に参加した。
1954.5.29	『人民日報』が中央宣伝部の『高級小学校・中学校卒業生の労働生産従事に関する宣伝大綱』を発表。その後、都市部の高等小学校・中学校の卒業生の多くが党の呼びかけに応じて農山村に下放して農業生産労働に参加し、知識青年下放の最初のブームとなった。
1954.9.20	第1期全人代第1回会議で『中華人民共和国憲法』が採択され、その中で国家が公民の教育を受ける権利を保証すると規定されてた。
1955.2.9	『人民教育』は『教育のバランスよい発展を実行する過程における若干の問題の検討』という署名記事を発表し、教育界では教育をバランスよく発展させる問題について大がかりな討論が行われた。
1955.7.30	第1期全人代第2回会議で『中華人民共和国国民経済発展第1次五か年計画』が採択され、その中で教育事業五か年建設計画とその重点が提起された。
1955 年	高等教育部は一部の高等教育機関と学部・学科の配置を調整し、高等教育機関が大都市や沿海部に過度に集中する状況を改善した。
1956.3.29	党中央と国務院は『非識字一掃に関する決定』を公布し、非識字一掃の目標・計画・方法を提起した。
1956.9.15～27	8全大会が開かれ、「重点を掌握して、その他を考慮する」および需要と可能性を結びつけた方針に基づき、バランスのとれた教育の長期計画を進めるべきだと提起された。
1957.2.27	毛沢東は拡大最高国務会議で「我々の教育方針は、教育を受ける者を徳育・知育・体育などすべての方面で成長させ、社会主義の自覚を持った教養ある労働者とするものでなければならない」と提起した。
1957.6 月	全国で反右派闘争が始まり、一部の幹部・教職員労働者が誤って右派分子とされた。

年月日	出来事
1958.2.11	第1期全人代第5回会議で『漢語ピンイン方案』が承認され、まず師範学校と小・中・高校で授業に取り入れ、実績を積みさらに整備して、機が熟したのち全国に普及させることが提起された。
1958.9.19	党中央と国務院は『教育工作に関する指示』を公布し、「教育はプロレタリアートの政治に奉仕し、教育と生産労働を結びつける」という教育事業の方針を提起した。
1959.5.17	党中央は『全日制学校の教学・労働・生活の位置付けに関する規程』、『学制改革試行に関する決定』、『高等教育機関における一部重点学校の指定に関する決定』など教育事業における重要文書10通の通達を行った。党中央は、北京大学・清華大学・北京師範大学など16の学校を重点学校とし、重点大学の建設を行った。
1959.5.24	党中央と国務院は『学制改革試行に関する決定』を出し、各地・各部門に、組織的かつ明確な指導の下に学制改革試行を行うよう要求した。
1960.4.10	第2期全人代第2回会議で『1956〜1967年全国農業発展綱要』が採択され、大衆による学校運営、グループによる学校運営を強力に奨励し、12年以内に青壮年の非識字を基本的に一掃することが提起された。
1961.9.15	党中央は『教育部直属高等教育機関暫定工作条例（草案）』の試行を承認し、教育・教学の秩序を全面的に回復させた。
1962.3.2	周恩来総理は全国科学技術工作会議で、『知識分子に関する問題』という報告を行い、「知識分子には信頼・援助が必要であり、過去の誤った批判に対しては謝罪しなければならない」と提起した。陳毅は会議で、知識分子に「ブルジョアの帽子を取って労働者の冠をかぶせ」た。
1963.3.5	毛沢東は題辞を記し、「雷鋒同志に学ぼう」と呼びかけた。それにより、全国の各級各種学校は雷鋒に学ぶ活動を広く展開した。
1963.3.23	党中央は『全日制中学校暫定工作条例（草案）』と『全日制小学校暫定工作条例（草案）』の試行を承認した。
1964.7〜8月	劉少奇は中央各部・委員会と北京市委員会幹部に講演を行い、各地を視察して、半工（農）半読学校〔労働・農業に従事しながら勉強する学校〕の全国的な試験的運営について、5年の試験期間を10年に延長することを提案した。
1965.12月	教育部は全国半工（農）半読学校会議を開き、中央の指示を受けて、半工（農）半読学校は今後の教育発展の方向を具体化したものであるとした。

付録

図解　現代中国の軌跡　中国教育

年月日	出来事
1966.1.17	党中央は、教育部・高等教育部の、学生・生徒の負担を軽減し、学生・生徒の健康を保証し、徳・智・体のバランスよい発達を促進することについての報告と若干の規程を周知した。
1966.6.1	毛沢東の承認を経て、新華社は北京大学の聶元梓ら7人が学校の党委員会と北京市委員会を非難した壁新聞について放送した。同日、『人民日報』は、『すべての妖怪変化〔打倒すべき旧地主・旧資本家・学界の権威などの比喩〕を排除する』と題した社説を発表した。ここから「文化大革命」が全国を席巻することになる。
1966.6.13	党中央と国務院は、大学生の学生募集延期について通知を出した。
1967.10.14	党中央・国務院・中央軍事委員会・中央文革〔中央文化大革命小組〕は通知を出し、大学・高校・中学・小学校に対し「授業を再開して革命をやろう」と呼びかけた。
1968.8.25	党中央・国務院・中央文革は通知を出し、労働者宣伝隊を派遣して学校に駐在させ、学校の「闘争・批判・修正」の指導に当たらせた。
1968.12.22	『人民日報』は、ある報道において毛沢東の「知識青年が農村に行き、貧農および下層中農〔中農は貧農と富農の間で、その下層をいう〕の再教育を受けるのは必要なことだ」という指示を引用した。これにより、全国の知識青年による「下放運動」が始まった。
1970.6.27	党中央は、学生募集（試行）に関する北京大学・清華大学の指示要請に対し、これを承認・周知し、高等教育機関で工農兵学員〔労働者・農民・兵士の学生〕の募集が始まった。
1970.7 月	国務院科学教育組が成立し、教育部と国家科学委員会が行ってきた業務を主管した。
1971.8.13	党中央は『全国教育工作会議紀要』を承認・周知した。
1973.7.19	『遼寧日報』は大学入試の一般教養試験で白紙答案を提出した張鉄生の手紙を掲載し、彼のことを「時代の風潮に逆らう英雄」と持ち上げた。『人民日報』がこれを転載した結果、教養学習を否定する不健全な風潮が起こった。
1973.9.8〜11	国務院科学教育組は、教育戦線孔子批判問題座談会を開き、孔子批判と教育革命展開の深化を結びつけることを要求した。
1974.9.29	国務院科学教育組と財務部は共同で、学校経営の門戸を広げることについての通知を出し、各地の大学・高校・中学・小学校では学校運営の門戸が広げられた。

154

年月日	出来事
1974.12.21～28	国務院科学教育組・農業部・遼寧省委員会は合同で、朝陽農学院の教育革命に学ぶ現場会議を開き、学校をプロレタリア独裁の確かなツールとしなければならないと提起した。
1976.10 月	各地の学校の教員・生徒と全国国民がともに「四人組」粉砕の勝利を祝い、「四人組」の犯罪行為を糾弾した。
1977.8.8	鄧小平は、科学・教育工作座談会を開いて、「2 つの評価」を全面的に否定し、「中国は世界の先進レベルに追いつかなければならず、それには科学と教育から着手しなければならない」と提起した。
1977.10.12	国務院は教育部の『1977 年高等教育機関の学生募集工作に関する意見』を承認・周知し、ここから高等教育機関の学生募集統一試験制度が再開された。
1977.11.3	教育部と中国科学院は共同で『1977 年研究生〔大学については大学院生〕募集に関する通知』を出した。文化大革命の間、長期間中断していた研究生・大学院生の募集と養成の業務がここに再開された。
1978.1 月	鄧小平の指示に基づき、教育部は巡視工作弁公室を設立した。これは中国の監督指導制度回復を表している。
1978.3.18	鄧小平は全国科学大会開会式の講話で、「4 つの近代化と、そのカギが科学技術の現代化にあり、科学技術分野の人材育成の基礎は教育にある。全面的かつ正しく党の教育方針を実行し、方向を正し、真の教育改革をしっかりと行って、教育事業を大きく発展、向上させなければならない」と指摘した。
1978.5.11	『光明日報』は特約評論員の文章『実践は真理を検証する唯一の基準である』を発表し、真理の基準・教育の本質などの問題に対して教育界の大論争を引き起こした。
1978.8.26	教育部は通知を出して、9 月 1 日から全国の小・中・高校において『小学生心得』と『中・高校生心得』の実行を決定した。その後続けて『大学生心得（試行草案）』・『中等専業学校学生心得（試行草案）』・『中等師範学校学制心得（試行草案）』を公布し、新しい時代の各級各種学校学生の行動規範とした。
1978.10.4	党中央の承認を経て、中国ユネスコ全国委員会が正式に設立された。
1978.12.18～22	11 期 3 中全会が開かれ、中国における改革開放の新時代が始まった。教育戦線は、さらに混乱を鎮めて正常にもどり、教育事業は全面的に回復された。

図解　現代中国の軌跡　中国教育

年月日	出来事
1979.2.6	教育部と中央広播〔放送〕事業局が共同で開校した中央広播大学が北京で創立記念祝賀式典を挙行し、全国28の省・自治区・直轄市で広播電視大学が同時に開校した。これを契機に中国の現代遠隔教育の幕が開いた。
1979.12.21～30	教育部が北京で教育事業計画座談会を開き、「調整・改革・整頓・向上」という方針を徹底するための具体的措置について討論した。
1980.2.12	第5期全人代常務委員会第13回会議で『中華人民共和国学位条例』が採択され、1981年1月1日に施行された。これは、中国学位制度の正式な確立を表している。
1981.1.13	国務院は教育部の『高等教育検定試験試行方法に関する報告』を承認・周知し、高等教育検定教育制度の確立を決定した。
1982.5.6	党中央と国務院は『農村学校教育を強化し改革する若干の問題についての通知』を出した。
1982.9.1	12全大会は、農業・エネルギー源・交通・教育・科学を経済発展の戦略的重点とした。ここから、社会主義現代化全体における教育の戦略的位置付けが確立された。
1983.8.24	党中央と国務院は『国外の知識力を4つの近代化に生かすことに関する決定』を出し、計画的・段階的に逐次国外の人材を受け入れ、特に現在国外にいる華僑や中国系移民の人材を受け入れた。
1983.9.9	鄧小平は、北京景山学校の創立20周年のために「教育は現代化に目を向け、世界に目を向け、未来に目を向けなければならない」という題辞を揮毫した。この題辞は、新時代の改革と発展における中国社会主義教育事業の戦略的指導方針となった。
1984.2月	鄧小平は、上海で中国福利児童コンピュータ活動センターを視察し、「コンピュータは子どものときからしっかり取り組まなければならない」と指摘した。
1984.5.28	教育部は、小学校で試験的にコンピュータ教育を行うとの通知を出した。
1984.8.8	教育部は、全国22校の重点大学において大学院を試験的に運営するとの通知を出した。
1985.1.21	第6期全人代第9回会議で『教師節〔教員の日〕に関する決定』が採択され、毎年9月10日を教師節とすることが決定された。

年月日	出来事
1985.3.7	鄧小平は、全国科学技術工作会議で、全国民を教育し、理想・道徳・教養・規律のある人間にしなければならないと提起した。のちに、「4つがある［理想がある・道徳がある・教養がある・規律がある］」新人という表現に総括される。
1985.5.29	『教育体制改革に関する党中央の決定』が正式に公布・実施され、中国教育体制改革の幕が開いた。
1985.6.18	第6期全人代常務委員会第11回会議で国家教育委員会［以下、国家教委］の設立が決定した。設立後、教育部は廃止された。
1985.7.5	国務院は国家科学委員会・元教育部・中国科学院の『ポストドクター科学研究センター［規定の条件を満たした大学や研究機構が許可を受けて博士号取得者を募集し研究を行う組織］の試験的運営に関する報告』を承認・周知した。
1986.4.12	第6期全人代第4回会議で『中華人民共和国義務教育法』が採択され、7月1日に施行され、その中で、国家による9年制義務教育の実施が規定された。義務教育事業は、国務院の指導の下、地方が責任を持って行政ランクに応じて実行するという管理が行われた。
1986.4.28	国務院は『教育付加費徴収の暫定規定』を公布し、教育付加費を専ら小・中・高校運営条件の改善のために使用することを定めた。
1986.9.6	国家教委は『小・中・高校教員審査合格証書試行規則』を通達し、中国で小・中・高校教員審査合格証書制度の実施が始まった。
1986.9.25	13期6中全会は『社会主義精神文明建設の指導方針に関する党中央の決議』を採択した。『決議』は、精神文明建設が思想道徳建設と教育科学文化建設両方面を含んでおり、「4つがある」新人を育成して、中華民族全体の思想・道徳的素養と科学文化的素養を向上させることが根本的任務であると指摘した。
1987.2.27～28	国家教委と河北省政府は合同で、河北省涿州市において農村教育改革実験区工作会議を開き、中国における農村教育の総合改革実験がスタートした。
1987.7.8	国家教委は『民間活力による学校運営に関する暫定的規定』を出し、民間活力による学校経営は教育事業の構成要素であり、国家による学校運営の補充であり、奨励・支援しなければならないと指摘した。

図解　現代中国の軌跡　中国教育

年月日	出来事
1987.10.25	13全大会では、教育事業の発展を最優先の戦略的位置に据えることを堅持し、経済建設を科学技術の進歩への依拠と労働者の資質向上という軌道に移さなければならない、と提起した。
1988.2.5	国務院は『非識字一掃工作条例』を公布した。
1988.12.25	党中央は『小・中・高校道徳工作の強化と改革に関する通知』を出し、小・中・高校は徳育活動を最優先にするよう求めた。
1989.3.23	鄧小平はウガンダのヨウェリ・ムセベニ大統領と会見し、談話の中で「我々にとってこの10年間の発展はよいものだった。だが、最大の失策は教育方面で、思想政治面が脆弱で教育の発展が不十分だったことだ」と指摘した。
1989.5.5	国家教委は、『1989年普通高等教育機関私費学生募集実施の意見』を通達し、大学の学生募集において公費生と私費生が併存する「双軌制[2本立体制]」の実施を開始した。
1989.10.30	中国青少年発展基金会〔中華全国青年連合会の提唱・主導の下で設立された〕は「希望プロジェクト〔貧困地域の教育環境の改善や、就学を続けられない児童の復学資金援助をしている非営利社会公益プロジェクト〕―百万への思いやり活動」の実施を決定した。
1990.5.19	全国初の希望小学校が安徽省金寨県に誕生し、500名の児童が学校に戻った。
1990.8.20	国家教委は『普通高校における卒業認定試験制度実施に関する意見』を出し、1993年全国各地でこの制度が実施された。
1991.7.29	国家教委は『「現行の普通高校教学計画の調整意見」と普通高校における卒業認定試験制度実施に関する意見』を出し、普通高校カリキュラム・教材・試験制度に対して改革を行った。
1991.10.17	国務院は『職業技術教育の発展強化に関する決定』を出し、1990年代の中国における職業教育の発展任務を明確にした。
1992.10.12～18	14全大会は、20世紀末までに、全国で9年間の義務教育を基本的に普及させ、青壮年の非識字一掃を図る（略称、「両基」）ことを提起した。
1993.1.17	国務院弁公庁は国家教委の『成人高等教育のさらなる改革と発展に関する意見』を周知し、成人高等教育の改革と発展について全体目標と政策措置を明確にした。
1993.2.13	党中央と国務院は『中国の教育改革・発展綱要』を通達した。

年月日	出来事
1993.3.1～4	中国全民教育国家級大会が北京市と河南省で開かれ、『中国全民教育行動綱領』が採択された。
1993.10.31	第8期全人代第4回会議で『中華人民共和国教師法』が採択され、教員の権利と義務、資格と任用、養成と研修、待遇、教員審査と褒賞などの方面で規定が定められた。
1994.4.6	国家教委が国家教育監督指導団を設けた。
1995.3.18	第8期全人代第3回会議で『中華人民共和国教育法』が採択され、中国は全面的に法によって教育を管理することになった。
1995.4 月	国家教委は、「国家教育委員会留学基金会管理委員会」を設立し、社会志向、公開応募、自由競争、成績による合否、結果の公開、契約派遣、違法賠償など新しい選抜方法の実施が始まった。
1995.5.6	党中央と国務院は『科学技術の進歩加速化に関する決定』を出し、初めて「揺るぎない科学教育立国戦略の実施」を提起した。
1995.9.14	国家教委と財政部は通知を出し、「国家貧困地区義務教育プロジェクト」を発動した。プロジェクト資金投資総額は100億元を超え、新中国成立以来、中央財政の教育特別資金投入で最大規模の全国的教育プロジェクトとなった。
1995.11 月	国家計画委員会〔国家発展改革委員会の旧称、以下国家計委〕・国家教委・財務部は合同で『「211プロジェクト」全体建設計画』を公布し、「211プロジェクト」が全面的な実施段階に入ったことを示した。
1996.5.15	第8期全人代第19回会議は『中華人民共和国職業教育法』を採択し、職業教育の改革と発展を促進した。
1997.9.12	15全大会は、実際に教育を優先的発展の戦略的位置に据え、教員を尊敬し教育を重んじなければならないと提起した。
1998.3.10	国家教委を教育部と名称変更する。
1998.3.19	朱鎔基は「科学技術教育立国は今政府最大の任務」と宣言し、中央は国家科学技術教育指導チームの設立を決定した。
1998.5.4	江沢民は北京大学開学100周年祝賀会で世界一流の大学を建設する任務について提起した。江沢民の講話の精神を実現するため、教育部は『21世紀に向けた教育振興行動計画』において、一部の高等教育機関が若干の世界先進レベルの一流大学および一群の一流学科を設立することを重点的に支援する、すなわち「985プロジェクト」を決定した。

付録

図解　現代中国の軌跡　中国教育

年月日	出来事
1998.8.29	第9期全人代第4回会議が『中華人民共和国高等教育法』を採択し、中国教育法律体系の基本的枠組みがすでに形成されたことを示した。
1998.9.15	前浙江大学・杭州大学・浙江農業大学・浙江医科大学が合併して新しく浙江大学に統合された。これより大学統合の波が湧き起こった。
1999.1.13	国務院は教育部の『21世紀に向けた教育振興行動計画』を承認・周知し、世紀を跨いだ教育改革・発展の構想プランを提起した。
1999.6.13	党中央と国務院は『教育改革の深化と素質教育の全面的な推進に関する決定』を公布した。
1999.6.15～18	第3回教育工作会議が開かれ、その後、全国の大学生募集枠がさらに拡大した。
2000.1.19～21	全国で初めて普通大学春季入学試験が北京市と安徽省で行われた。
2000.2.12	国務院弁公庁は『国務院各部門（単位）所属学校の管理体制と配置構成の調整に関する教育部・国家計委・財政部の実施意見』を周知した。今回の調整の完了は、各部門による学校運営体制が基本的に終了したことを示している。中央と省級政府の2行政ランクによる学校運営で、地方管理を主とした新しい高等教育管理体制の枠組みを基本的に確立した。
2000.6.2	中央組織部・人事部・教育部は『高等教育機関における制度改革の認識深化に関する実施意見』を通達し、高等教育機関の人事・配属制度改革のペースをさらに加速させた。
2001.6.8	教育部は『基礎教育課程改革綱要（試行）』を通達し、基礎教育課程改革の強力な推進、素質教育のニーズに合った新しい基礎教育課程システムの確立を決定した。
2001.7.2	教育部は『幼稚園教育指導綱要（試行）』を通達し、幼稚園の素質教育実施を推進して、幼稚園教育の質を全面的に向上させた。
2001.11.27	国務院弁公庁は、『「第10次五か年計画」期間における特殊教育改革・発展のさらなる推進に関する教育部など9部門の意見』を周知した。
2002.4.14	国務院弁公庁は、『農村義務教育管理体制の改善に関する通知』を出し、農村義務教育において「国務院の指導の下、地方政府による責任負担、行政ランク別管理、県主体」の新体制を試行した。

年月日	出来事
2002.5.18	国務院は、教育部の『国家教育事業発展第 11 次五か年計画綱要』を承認・周知し、教育の優先的発展を堅持するよう要求し、第 11 次五か年計画期間における教育発展の主要な目標を明確にした。すなわち、教育事業を持続的に発展させ教育システムをさらに整備すること、都市・農村および地域教育をさらに調和させ義務教育の均衡化を図ること、教育の質を確実に向上させイノベーション能力を着実に強化すること、教育の機会を絶えず増加させ国民の受ける教育レベルをさらに向上させることである。同時に、体制・システム改革を深化させ、教育の発展における生気と活力を増強すること、教育投資を拡大し経費管理を強化すること、政府の職能を改変し法による教育管理を強化すること、社会全体が共に努力して教育発展の新局面を開拓することである。
2002.8.24	国務院は『職業教育改革・発展の強力な推進に関する決定』を出し、「支援を旨とし、就業へ導く」という職業教育の学校運営方針を堅持する、と明確に指摘した。
2002.9.8	江沢民は北京師範大学開学 100 周年記念祝賀式典で、「教育の革新を強力に推進しなければならない」と提起した。
2002.11.8	16 全大会が北京で開会し、党中央の江沢民総書記は第 15 期中央委員会を代表し大会に向けて報告を行った。江沢民は報告で、「教育と科学事業を強力に発展させなければならない、教育は科学技術の発展と人材育成の基礎であり、現代化建設において先導的で全局面にかかわる働きを持つため、優先的発展という戦略的位置付けをしなければならない。党の教育方針を全面的に貫き、教育の革新を堅持し、教育改革を深化させ、素質教育を全面的に推進して、何億という教養ある労働者、何千万という専門的人材、大量のイノベーションの精鋭を育成する」、と強調した。
2003.4.9	教育部は『高等教育機関における教学の質および改革プロジェクト』を発動した。
2003.9.17	国務院は『農村教育工作のさらなる強化に関する決定』を通達し、2007 年までに、全国の農村の義務教育レベルにおける貧困家庭の生徒すべてが「両免一補（2 つの免除と 1 つの補助）」を受けられるよう努力することを提起した。
2004.3.3	国務院は教育部の『2003〜2007 年教育振興行動計画』を承認・周知し、2 つの戦略的重点、6 つの重大プロジェクト、6 つの重要措置を講じ、教育の発展を推進する新しい飛躍とした。

図解　現代中国の軌跡　中国教育

年月日	出来事
2004.11.21	中国の海外「孔子学院」第1号がソウル漢語水平考試〔HSK試験〕韓国事務所において開校式を挙行した。
2004.11.22	教育部・国家発展改革委員会（以下、国家発改委）・財政部は『農村小・中・高校現代遠隔教育プロジェクトの全面的実施方案』を制定した。2007年末までにプロジェクトすべてを完了し、投資総額は計111億元、中西部36万校の小・中・高校も含め、農村の小・中・高校生1億人以上が良質の教育リソースを分かち合うこととした。
2005.1.13	教育部は『教員の職業モラル建設をさらに強化・改善することに関する決定』を通達し、宣伝教育・審査管理・制度建設などの措置をとり、教員の職業モラル建設に関する業務の改善と刷新を推進した。
2005.3.4	教育部は通知を出し、高等教育機関の学生募集業務に対して陽光〔公開して透明性を高める〕プロジェクトを実施に移した。
2005.8.1	国務院は、『農村教育工作のさらなる強化に関する決定』を通達し、農村教育を教育業務の最重要事項とした。
2005.11.10	中国初の全民教育国家報告が出され、農村教育に焦点を当て、5年後農村における義務教育完全無償化、2015年に全国における義務教育完全無償化実施の普及を宣言した。
2006.2.24	教育部は『都市部教員農村教育支援工作の強力な推進に関する意見』を通達し、6つの措置を講じて農村教員の力量不足問題を解決し、都市と農村の教育に対する協調的発展が統一的に計画された。
2006.5.18	教育部・財政部・人事部・中編弁〔中央機構編成委員会弁公室〕は、共同で「農村の義務教育段階の学校教員に対する特設ポスト計画」を立案・実行して、大学卒業生が農村の学校で教職に就くことを奨励・指導した。
2006.11.3	教育部・財政部は共同で「国家モデル高等職業学校建設計画」を実行に移し、最初の28校が実証段階に入った。これは、中国高等職業教育が、規模の発展から内容の発展、質の向上へと向かって進んでいることの証である。
2007.5.9	国務院弁公庁は、教育部・財政部・中央編弁・人事部の『教育部直属師範大学の教員志望生に対する学費無償化実施法（試行）』を周知し、2007年秋季新入生から、教育部直属の師範大学で教員志望生の学費無償化実施を決定した。この年中央財政出資により、教育部直属の6校の師範大学が学費無償の教員志望生1万人余りを募集し、農村小・中・高校の教員チームの確立を重点的に強化した。

年月日	出来事
2007.10.15～22	17全大会は教育を極めて重要視して、教育の優先的発展と人材資源強国建設を、国民生活の改善を重点とした社会建設6大任務のトップに据えた。
2008.8.12	国務院は通知を出して、2008年秋学期開始から、都市部の義務教育段階の公立学校生すべてについて授業料と雑費を免除し、同時に政府の義務教育に対する保障責任をさらに強化した。
2008.10.19	17期3中全会で採択された『農村の改革・発展推進についての若干の重大問題に関する党中央の決定』を公布し、その中で農村の教育事業を強力に行うこと、農村の中等職業教育発展を重点的に加速させ、徐々に学費の無償化を実施することが提起された。
2009.2.20	教育部は通知を出し、帰郷農民工［出稼ぎ労働者］への職業教育と研修を強化し、農民工の子女が速やかに入学して教育を受けられるよう保証することを要求した。
2009.3.31	教育部は『小・中・高校教員補充工作のさらなる充実に関する通知』で、省級教育行政部門に対し、国家や地方の「特別ポスト計画」の実施に合わせて、当該行政区域内の教員のポスト需要状況を総合的に考慮して、小・中・高校の教員の自然減少による教員の補充業務に対して合理的に対処するよう求めた。2009年からは、小・中・高校の教員補充はすべて公開募集の方法を採る必要があり、その後は、その他の方法やルートで勝手に教員を招いて任用してはならないこととなった。
2009.4.1	温家宝の主宰で国務院常務会議が開かれ、全国小・中・高校校舎安全プロジェクトを正式に実施し、学校を最も安全で、保護者の最も安心する場所にすることを保証すると、決定した。
2009.10.15	中国「985プロジェクト」第1期の指定9大学（英文の略称C9）、北京大学・清華大学・浙江大学・ハルビン工業大学・復旦大学・上海交通大学・南京大学・中国科技大学・西安交通大学は、優れた人材を共同で育成するための『一流大学の人材育成協力と交流協定書』に共同で署名し、中国初の名門大学連盟がここに成立した。
2009.10.19	上海交通大学・中国科技大学・西安交通大学・南京大学・清華大学の5大学の大学生募集部門が、2010年自主選抜入試において協力体制を取る、と共同で宣言した。

図解　現代中国の軌跡　中国教育

年月日	出来事
2009.12.3	温家宝首相は、2日国務院常務会議を開き、2009年秋学期から公立中等職業学校全日制に在学する、農村の経済的に困難な家庭の生徒と農業専業従事生徒に対して、逐次学費の免除を行うことを決定した。免除額は各省（区・市）人民政府が承認した学費規準に従って確定される。学費免除のために学校収入が減少した分については、財政補助と学校が展開する学校企業協力および本格見習い実習制度〔第4章4.4節参照〕で解決する。
2010.5.21	党中央政治局は会議を開き、『国家中長期教育改革・発展計画綱要（2010～2020年)』が審議・可決された。
2010.5.25～26	党中央と国務院は北京で全国人材工作会議を開いた。党中央の胡錦濤総書記（兼国家主席・中央軍事委員会主席）は、会議において重要講話を発表し、「人材に関する業務をしっかりと具体化して人材強国建設を加速化することが、経済社会の良好でスピーディな発展と小康社会〔ある程度ゆとりのある社会〕の全面的建設という努力目標実現の重要な保証であり、人材競争における中国の比較的優位性を確立し、国の核心的競争力増強の戦略的選択である。また、人にやさしい、国民のバランスよい成長を促進することを堅持する重要なルートであり、また、党の政治力を向上させ、党の先進性を維持・発展させる重要な支柱である」と強調した。
2010.7.13～14	党中央と国務院は北京で全国教育工作会議を開いた。胡錦濤はこの会議で、「科学技術教育立国戦略と人材強国戦略を実施し、教育を優先的に発展させ、中国独自の社会主義現代教育システムを整備し、国民が満足する教育を行って人材強国を建設する」と強調した。『国家長中期教育改革・発展計画綱要（2010～2020年)』が正式に実施され、今後10年の教育改革・発展の未来図が完成した。
2011.2月	教育部は、就学前教育や家庭教育などの立法プロジェクトを作動した。『3～6歳児の学習・発展指南』と『幼稚園工作規定』を公布し、幼稚園の保育・教育業務に対して指導と管理を強化した。
2011.11.2	党中央政治局常務委員兼国務院総理温家宝は、北京の2か所の幼稚園を訪れて就学前教育を発展させる問題について調査・研究を行い、教員や保護者と語り合った。その中で温家宝は、「就学前教育を重要な位置に据えなければならない。これは大衆の生活に関係してくるだけでなく、中国の未来にも関係する」と指摘した。
2011.11.24	国務院は、『当面の就学前教育発展に関する若干の意見』を公布し、就学前教育発展に向け10か条の措置を明確にした。

年月日	出来事
2007.10.15～22	17 全大会は教育を極めて重要視して、教育の優先的発展と人材資源強国建設を、国民生活の改善を重点とした社会建設 6 大任務のトップに据えた。
2008.8.12	国務院は通知を出して、2008 年秋学期開始から、都市部の義務教育段階の公立学校生すべてについて授業料と雑費を免除し、同時に政府の義務教育に対する保障責任をさらに強化した。
2008.10.19	17 期 3 中全会で採択された『農村の改革・発展推進についての若干の重大問題に関する党中央の決定』を公布し、その中で農村の教育事業を強力に行うこと、農村の中等職業教育発展を重点的に加速させ、徐々に学費の無償化を実施することが提起された。
2009.2.20	教育部は通知を出し、帰郷農民工［出稼ぎ労働者］への職業教育と研修を強化し、農民工の子女が速やかに入学して教育を受けられるよう保証することを要求した。
2009.3.31	教育部は『小・中・高校教員補充工作のさらなる充実に関する通知』で、省級教育行政部門に対し、国家や地方の「特別ポスト計画」の実施に合わせて、当該行政区域内の教員のポスト需要状況を総合的に考慮して、小・中・高校の教員の自然減少による教員の補充業務に対して合理的に対処するよう求めた。2009 年からは、小・中・高校の教員補充はすべて公開募集の方法を採る必要があり、その後は、その他の方法やルートで勝手に教員を招いて任用してはならないこととなった。
2009.4.1	温家宝の主宰で国務院常務会議が開かれ、全国小・中・高校校舎安全プロジェクトを正式に実施し、学校を最も安全で、保護者の最も安心する場所にすることを保証すると、決定した。
2009.10.15	中国「985 プロジェクト」第 1 期の指定 9 大学（英文の略称 C9）、北京大学・清華大学・浙江大学・ハルビン工業大学・復旦大学・上海交通大学・南京大学・中国科技大学・西安交通大学は、優れた人材を共同で育成するための『一流大学の人材育成協力と交流協定書』に共同で署名し、中国初の名門大学連盟がここに成立した。
2009.10.19	上海交通大学・中国科技大学・西安交通大学・南京大学・清華大学の 5 大学の大学生募集部門が、2010 年自主選抜入試において協力体制を取る、と共同で宣言した。

図解　現代中国の軌跡　中国教育

年月日	出来事
2009.12.3	温家宝首相は、2日国務院常務会議を開き、2009年秋学期から公立中等職業学校全日制に在学する、農村の経済的に困難な家庭の生徒と農業専業従事生徒に対して、逐次学費の免除を行うことを決定した。免除額は各省（区・市）人民政府が承認した学費規準に従って確定される。学費免除のために学校収入が減少した分については、財政補助と学校が展開する学校企業協力および本格見習い実習制度〔第4章4.4節参照〕で解決する。
2010.5.21	党中央政治局は会議を開き、『国家中長期教育改革・発展計画綱要（2010～2020年)』が審議・可決された。
2010.5.25～26	党中央と国務院は北京で全国人材工作会議を開いた。党中央の胡錦濤総書記（兼国家主席・中央軍事委員会主席）は、会議において重要講話を発表し、「人材に関する業務をしっかりと具体化して人材強国建設を加速化することが、経済社会の良好でスピーディな発展と小康社会〔ある程度ゆとりのある社会〕の全面的建設という努力目標実現の重要な保証であり、人材競争における中国の比較的優位性を確立し、国の核心的競争力増強の戦略的選択である。また、人にやさしい、国民のバランスよい成長を促進することを堅持する重要なルートであり、また、党の政治力を向上させ、党の先進性を維持・発展させる重要な支柱である」と強調した。
2010.7.13～14	党中央と国務院は北京で全国教育工作会議を開いた。胡錦濤はこの会議で、「科学技術教育立国戦略と人材強国戦略を実施し、教育を優先的に発展させ、中国独自の社会主義現代教育システムを整備し、国民が満足する教育を行って人材強国を建設する」と強調した。『国家長中期教育改革・発展計画綱要（2010～2020年)』が正式に実施され、今後10年の教育改革・発展の未来図が完成した。
2011.2月	教育部は、就学前教育や家庭教育などの立法プロジェクトを作動した。『3～6歳児の学習・発展指南』と『幼稚園工作規定』を公布し、幼稚園の保育・教育業務に対して指導と管理を強化した。
2011.11.2	党中央政治局常務委員兼国務院総理温家宝は、北京の2か所の幼稚園を訪れて就学前教育を発展させる問題について調査・研究を行い、教員や保護者と語り合った。その中で温家宝は、「就学前教育を重要な位置に据えなければならない。これは大衆の生活に関係してくるだけでなく、中国の未来にも関係する」と指摘した。
2011.11.24	国務院は、『当面の就学前教育発展に関する若干の意見』を公布し、就学前教育発展に向け10か条の措置を明確にした。

164

年月日	出来事
2011.12.12	教育部は正式に『幼稚園教員専門業務基準（試行）』（パブリックコメント用）、『小学校教員専門業務基準（試行）』（パブリックコメント用）、『中学校教員専門業務基準（試行）』（パブリックコメント用）を公布した。
2012.3.22～23	高等教育の全面的質向上に関する工作会議が行われ、「高等教育機関イノベーション能力向上計画」（略称「2011計画」）が正式に始まり、高等教育機関のイノベーション能力のレベルを強力にアップすることとなった。
2012.4.5	国務院は正式に『スクールバス安全管理条例』を公布した。
2012.5.23	教育部など15部門が共同で『農村における義務教育段階の生徒の栄養改善計画実施細則』など5つの公文書を通達し、給食の規範的管理を強化した。
2012.8.20	国務院は、『教員層建設強化に関する意見』を公布した。続いて、教育部は多くの部門と共同で、「教員層建設を全面的に強化する」など6つの具体的意見を公布して多くの措置を並行して進め、教員層の構築という懸案を解決した。
2012.8.30	国務院弁公庁は、教育部などの部門の『都市の出稼ぎ労働者同居子女義務教育後現地受験に関する意見』という通知を配布した。同年年末、各省（自治区・直轄市）政府は国務院の求めに応じ、次々と具体案を公布し、同居子女進学試験関係業務を着実に推進した。
2012.9.7	全国教員工作および「両基」工作総括表彰大会が開かれ、中国において9年間の義務教育が全面的に普及したことを宣言した。これは、中国の教育発展史上の重要なメルクマールで、世界教育史上に奇跡を起こした。
2012.10.1	10月1日、『教育監督・指導条例』が公布・実施され、中国の教育監督・指導が法制化の軌道に乗ったことが示された。
2012.10.22	中央財政部は大学院生国家奨学金を設立し、毎年4万5000人が大学院で学ぶことを奨励し、国家資金援助システムは、すべての教育段階をカバーした。
2012.11.8～14	18大全会が開かれ、この会で「国民の満足する教育を行うよう努力する」ことがはっきりと提起され、中国の教育改革・発展のための方向がはっきりと示された。

付録

参考書目

〔訳者注：以下の人名・書名はすべて中国語表記のままとする〕

* 王炳照等編纂：『簡明中国教育史』（改訂版）、北京師範大学出版社、2007 年版。
* 龐麗娟主編：『中国教育改革 30 年：学前教育巻』、北京師範大学出版社、2009 年版。
* 王炳照主編：『中国教育改革 30 年：基礎教育巻』、北京師範大学出版社、2009 年版。
* 王英傑・劉宝存主編：『中国教育改革 30 年：高等教育巻』、北京師範大学出版社、2009 年版。
* 朱旭東・胡艶主編：『中国教育改革 30 年：教師教育巻』、北京師範大学出版社、2009 年版。
* 労凱声主編：『中国教育改革 30 年：政策与法律巻』、北京師範大学出版社、2009 年版。
* 曽暁東・曽婭琴主編：『中国教育改革 30 年：関鍵数拠及国際比較巻』、北京師範大学出版社、2009 年版。
* 方暁東主編：『中華人民共和国 60 年』、湖北教育出版社、2009 年版。
* 改革開放 30 年中国教育改革与発展課題組著：『教育大国的崛起　1978—2008』、教育科学出版社、2008 年版。
* 中共中央文献研究室編：『建国以来重要文献選編』、中央文献出版社、1993 年版。
* 教育部編：『中国教育統計年鑑』。
* 朱旭東：『我国現代教師教育制度構建』、『北京師範大学学報』（社会科学版）2007 年第 4 期。
* 周稽裘：『増強職業教育吸引力在于体制創新』、『中国教育報』2009 年 3 月 26 日。
* 『堅定不移沿着中国特色社会主義道路前進　為全面建成小康社会而奮闘』、（18 全大会報告）、2012 年 11 月。

あとがき

　1949 年の中華人民共和国成立から今日に至るまで、すでに干支が一回りし、その間中国の教育事情には天地を覆すような変化があった。60 年間の苦難の道を歩み、中国は人口大国から教育大国へと歴史的な飛躍を遂げた。その間の、教育の実践は多彩で、教育の理論と思想は非常に活性化し、大小さまざまな紆余曲折はあったものの、中国独自の社会主義教育発展の道に踏みだし、貴重な経験を積み上げ、中華人民共和国教育史上に堂々たる 1 章を残した。

　教育は国家発展の礎であり、その民族の最も根本的な事業である。現代中国の教育は、中華人民共和国の苦難と激動の発展過程のありのままの描写であり、現代中国の教育に対する研究に力を入れることは、高い理論的意義と現実的価値を有している。ここ何年か、筆者は教学と研究の過程で、現代中国教育史に対しずっと高い関心を持っていた。今回、本書の執筆を引き受け、図解方式で中華人民共和国の教育史を明らかにしたが、従来の教学と研究を総括するだけでなく、新しい研究モデルの試みにもなった。執筆中、筆者は、教育の発展に関する簡潔で明確な「ナレッジマップ」を読者に提供できるよう、現代中国の教育発展の筋道をできるだけはっきりと整理し、中国の教育戦略思想の変遷過程を描き、重要な教育関係の出来事の経緯を述べるよう努めた。

　わかりやすく簡潔な言葉と図解を組み合わせ、図と文章で豊かに歴史を物語るというのは、筆者の長年の理想である。『図解中国の教育』は、大衆向きの中華人民共和国教育史であり、謹んで読者にその現代教育の概要を提供する。時間に追われ、加えて当人の学識と能力の限界によって多くの遺漏があると思うが、心より読者のご批正を請う次第である。

周慧梅

2010 年 12 月　北京師範大学　英東楼 417 にて

訳者あとがき

　このたび、人民出版社の図解現代中国叢書（国防・経済・教育・政治）が科学出版社東京より翻訳刊行されることとなり、「教育」の翻訳を担当させていただいた。他の3冊も、私と同じ而立会（日中翻訳活動推進協会）のメンバーが担当している。

　本書は教育全般について大変幅広く、しかも簡潔に紹介している。中国の教育体制と改革の試行錯誤、新中国成立から現代に至までの教育の歴史、今後の教育改革の方向性と課題、というように、新中国成立以降の教育の全体像が明らかにされている。義務教育から高等教育、公教育から民間による教育、民族教育から最新の教育事情までをカバーした貴重な一冊であると言えよう。また、ともすれば複雑で難解になりがちな内容が、見開きに説明と図解という形で、わかりやすく整理されている。本書が日本で刊行される価値は大きい。

　私は、1990年代初め、中国東北部の工業大学で2年間日本語を教えたことがある。教師としての経験も浅いその頃、学生たち・教師たちとの交流の中で、多くのことを感じ、考えた。教師の中には、当時の「上山下郷的好青年」（7.5節参照）もいて、私にとって教科書や授業で習った歴史が、眼前の人々にとっては紛れもない現実であり、その現実を経て現在があるのだと思い知らされた。今回の翻訳で、教育政策など背景や経緯をたどりながら、改めてその当時を捉え、より理解することができた。巻末の「中国教育年代記」は18全大会開会で終わっているが、教育の道はさらに未来へとつながっている。

　本書の翻訳では、監修の三潴正道先生にいろいろとご指導いただいた。また、科学出版社東京の向安全社長、柳文子様、細井克臣様には大変お世話になった。ここにお礼を申し上げたい。訳者の至らぬ点については、読者の叱責を待つばかりである。

平野紀子

2018年9月

編著者・監訳者・翻訳者略歴

編著者

周慧梅（チョウ　フイメイ）

河南省延津出身。教育学博士・歴史学博士。博士号取得後、北京師範大学教育学部講師を務める。主な研究分野は、近現代教育史・社会教育史で、『教育研究』・『華東師範大学学報（教科版）』・『教師教育研究』などの刊行物に論文 20 余編を発表。「中国における優秀な教育の伝統継承と革新についての研究」など、多くの国レベル、省・部〔政府・国務院各部門〕レベルのプロジェクトに参与した。専門的な著作として、『近代民衆教育館研究』・『民衆教育館と中国社会の変遷』・『「新国民」のイメージ：民国時期民衆学校研究』・『王炳照口述史』が出版され、『簡明中国教育史』（改訂版）・『改革開放 30 年（基礎教育巻）』・『共和国教育 60 年』などの編纂に加わった。

監訳者

三潴正道（みつま　まさみち）

麗澤大学客員教授。NPO 法人『日中翻訳活動推進協会（而立会）』理事長。上海財経大学商務漢語基地専門家。日中学院講師。主な業績：著書『必読！いま中国が面白い』（日本僑報社）、『時事中国語の教科書』（朝日出版社）、『論説体中国語読解力養成講座』（東方書店）、『ビジネスリテラシーを鍛える中国語Ⅰ、Ⅱ』（朝日新聞社）、訳書に『習近平の思想と知恵』（科学出版社東京）など。ネットコラム『現代中国放大鏡』（グローヴァ）、『中国「津津有味」』（北京日本商会）、『日中面白異文化考』（チャイナネット）、『日中ビジネス「和睦相処」』（東海日中貿易センター）、『日中異文化「どっちもどっち」』（JST）

翻訳者

平野紀子（ひらの　のりこ）

NPO 法人『日中翻訳活動推進協会（而立会）』会員。2010 年まで県立高等学校の国語・中国語教諭。現在は中国語講師。著書は、『高校生からの中国語』（共著、白帝社）、『街なかの中国語 Part2』（共訳、東方書店）、『街なかの中国語 Part3』（共訳、東方書店）など。また、東方書店 Web サイトにて『微信伝心』（共著）を連載中。趣味はイラストで、前出の『微信伝心』ではイラストも担当。

図解　現代中国の軌跡
中国教育

2018 年 10 月 17 日　初版第 1 刷発行

編 著 者	周慧梅
監 訳 者	三潴正道
翻 訳 者	平野紀子
発 行 者	向安全
発　　行	科学出版社東京株式会社
	〒 113-0034　東京都文京区湯島 2 丁目 9-10　石川ビル 1 階
	TEL 03-6803-2978　FAX 03-6803-2928
	http://www.sptokyo.co.jp
組版・装丁	越郷拓也
印刷・製本	モリモト印刷株式会社

ISBN 978-4-907051-44-0　C0037

『図解中国教育』© Zhou Huimei, 2014.
Japanese copyright © 2018 by Science Press Tokyo Co., Ltd.
All rights reserved original Chinese edition published by People's Publishing House.
Japanese translation rights arranged with People's Publishing House.

定価はカバーに表示しております。
乱丁・落丁本は小社までお送りください。送料小社負担にてお取り換えいたします。
本書の無断転載・模写は、著作権法上での例外を除き禁じられています。